# 日本の「不都合な真実」を救う、おじいちゃんの教え

栗山卓也

みらい PUBLISHING

# はじめに

2020年現在、世界は大激動時代を迎えております。

昭和から続いた終身雇用は崩壊を迎え、年金制度は破綻しつつあります。

社会を取り巻くニュースは、あまり明るい話題がありません。

2019年10月から始まった10%の消費税増税、これにより日本の消費はさらに落ち込み、デフレ化を決定づけるでしょう。そして残業を規制する「働き方改革」、これは一見すると労働時間が短縮され、良いように思われますが労働時間の短縮は、そのまま収入の減少にも繋がります。更に、オリンピック需要の終焉。オリンピックの為に建設業を始め特需が生まれてきましたが、オリンピックに関係ない東北や近畿では激しく建設需要が縮小しているのが現状です。

消費税が増税し、収入が減少し、景気が冷え込むと、どうなるでしょうか？

そのしわ寄せは、容赦なく私たち国民にダイレクトに降り注いできます。

また国が抱える問題としては、日本は未だかつて経験したことがない超高齢社会を迎えます。

日本人の平均寿命は過去最高を超え、男性が81・25年、女性が87・32年となりました（平成30年簡易生命表より）

国の借金は、2019年12月時点では1110兆円を超え膨らむ一方です。

借金が膨らむとどうなるのか？

通常ですと、財政は破綻します。

財政破綻しないという意見の方は、国の借金は日本人が日本国債を買っているから大丈夫。日本政府の債務は、円建てで発行されている。このため返済を求められれば、日銀でお金を刷ることにより、すぐに返すことができる。

そのような論法で、国家は絶対に財政破綻しないと言っています。

しかし、例えば南海トラフ地震、首都圏直下型地震など、高い確率で発生が予測されている災害が引き金となり、円の価値が暴落して財政破綻が起きる可能性は否めません。

私も日本国民の一人として、財政破綻など起きて欲しくはありません、しかし、どんなものにも「絶対」というものは存在しません。現に、日本は１９４６年に一度、デフォルトを経験しています。

政府が財政破綻した場合、国内の個人も法人も、政府に対して請求権はありません。

一方、政府は国内の個人、法人への徴税権を持っています。このことは日本だけではなく全世界共通のことなので、正確に把握しておくことが重要です。

今、日本は歴史的な転換点にいます。

あなたは、これまで会社のために働き、成果を出しながら年齢を重ねてきたので、頑張れば報われるという常識があったかもしれません。

しかし、今後その常識は通用しなくなります。

もし、あなたがこのまま変わらなければ、年齢にもよりますが、余程のことがない限り、転職などすれば給料が減る一方です。そして厳しいようですが、現実的には平均寿命が更新し続ける今の状態では、年金制度の崩壊は免れず、国の財源は限界を迎え、国はあなたを守れなくなります。

いくら政府に人権や権利だと訴えかけても、「ない袖は振れぬ」。最後の最後はあなたの力で生き抜かなければなりません。もはや、国に頼れる時代は終わりを迎えてしまったのです。


このように言うと、お先真っ暗で未来が何もないように見えますが、解決策はないのでしょうか?


その解決策はあります。

それは、私の祖父が、私に教えてくれた『戦前のマインド』です。おそらく多くの方が学校などでは教えてもらっていない内容になるでしょう。

祖父は戦後まもなくして、職業軍人だった為、国に頼ることもできず親戚にも見放され、己の力で生き抜かなければなりませんでした。

ですが、祖父は文字通り焼け野原から無一文でも、己の「マインド」を持っていた為、昭和に会社を立ち上げ、この苦境を乗り切りました。現在この会社(株式会社タイカ)は、開発型企業として、衝撃吸収材「α(アルファ)ゲル」

を生み出し世界中に技術を輸出するまでに成長しました。

このように、大きく飛躍できたのも全ては「マインド」を身に付けていたからです。

人生で大切なものは、祖父から伝えられた「マインド」です。あなたは、人生で最も大切なこの「マインド」を学ぶことによって、人生を変えることは可能です。そこに大きな一歩は必要ありません。

小さな一歩、ないしは半歩であっても、人生を変えることは十分可能です。その小さな半歩が、あなたの未来に分岐点を与え、輝かしい未来が待っています。


本書には、祖父の半生を費やして築き上げた「マインド」が事細かに記載しております。

あなたの人生を変えうる奇跡とも呼べる方法が、この本には隠されていますので、未来に投資をする練習を兼ねて、まずはこの書籍にお金を投資してみてください。

この書籍に投資した金額の何十倍・何百倍のリターンを得るだけではなく、人生そのものに大きな影響を与えることは間違いありません。

新たな時代の幕開けともに、新たな一歩を踏み出してみましょう。

栗山卓也

# 日本の「不都合な真実」を救う、おじいちゃんの教え

第3章

# おじいちゃんから教わった生きた言葉……61

## 3　お金に対する感情をコントロールする……128

第1章

# おじいちゃんの原点

## 死と隣り合わせの戦場で、おじいちゃんが学んだこと

第二次世界大戦時、祖父、鈴木保は大日本帝国陸軍戦車第3師団の中隊長として、中国大陸各地を転戦しました。やがて、戦況は悪化し、劣弱な装備で戦うことを余儀なくされ、常に死と隣り合わせの状況でした。しかし、自分の生命を顧みることはなく、戦い続けていました。大日本帝国という「国家」を信じていたのです。

１９４１年
中国との戦争は、
泥沼化の様相を呈していた
ガラララ
ガララ

ガラララ
ガラララ
おいおいさっきの音
これから演習かい？
こんなバカみたいに
寒いのに
どこの隊だ
ペチカ
鈴木中隊長殿
のとこだよ
うひゃー
ご愁傷様
鬼だねーあの人は

全車停止
戦闘配置につけ！
ガララ
ビュウウウ・・・

それに比べてうちの隊長は仏でよかった
演習のきつかった日の夜はこうしてイモもくれて
いやーどうかな
訓練はウソをつかない戦場で生き残るのは苦しい思いをしてきた部隊だ
それに兵隊は隊長を選べる
なんだそれ?
知らないのかお前もし隊長が死んだ場合、残された兵はほかの隊と合流しちまうんだ
ダメな隊長の下にいたら下手すりゃ全滅だ
そうなるとわかってて俺たちがみすみす黙ってるか?
鉄砲の弾は後ろからも飛んでくる
隊長なら特にそうだ

みんな昼の演習に引き続いて
夜もごくろう!
疲れてるだろうが
気を抜かないように
各自
事故や凍傷のないように
十分気を付けて
状況開始!
ブロロロロ!

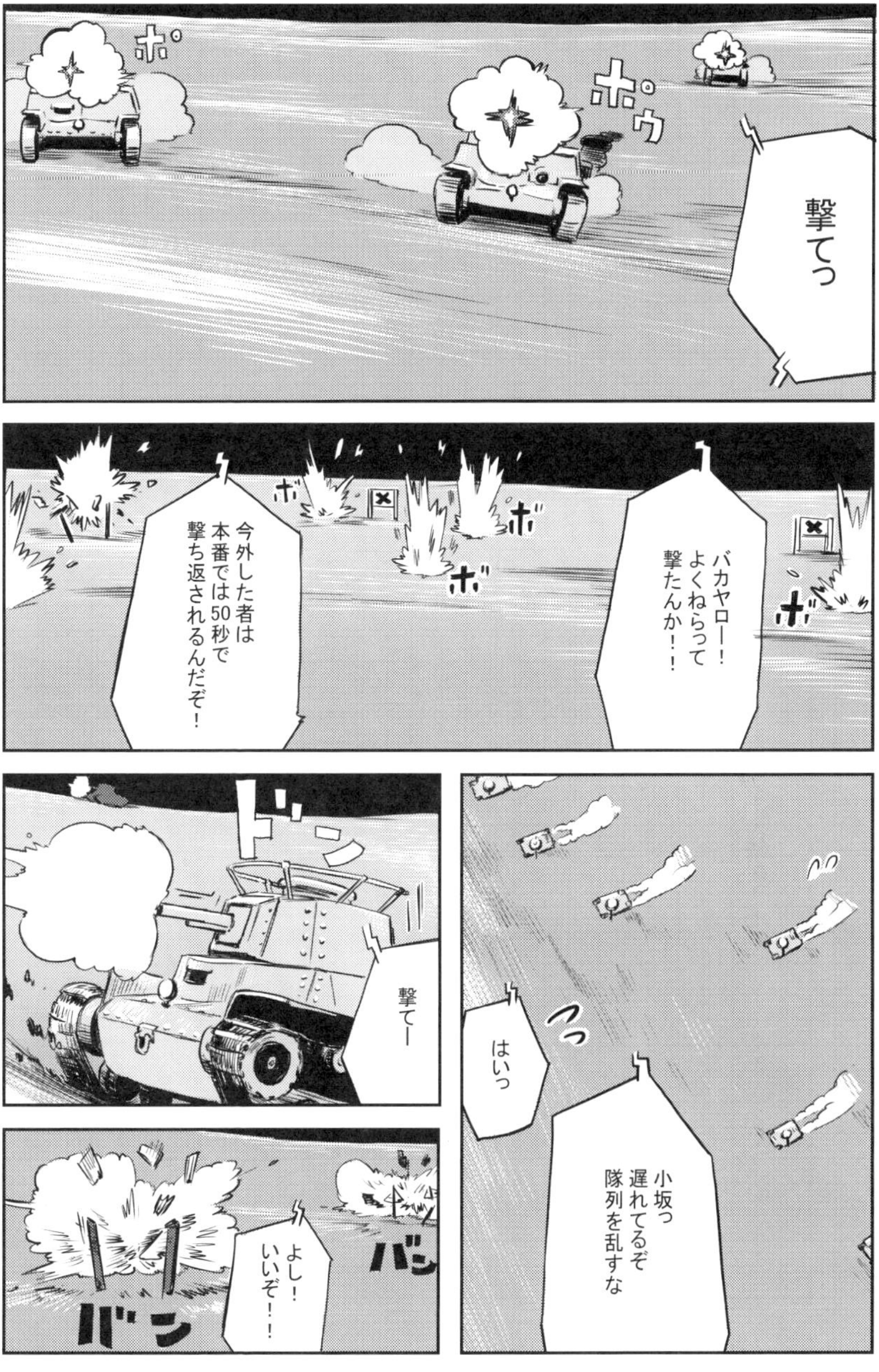
ポ
ポウ
撃てっ
バカヤロー！よくねらって撃たんか！！
今外した者は本番では50秒で撃ち返されるんだぞ！
ボ
ボ
ボ
ボ
ドーン
撃てー
っ
はいっ
小坂っ遅れてるぞ隊列を乱すな
バン
よし！いいぞ！！
バン

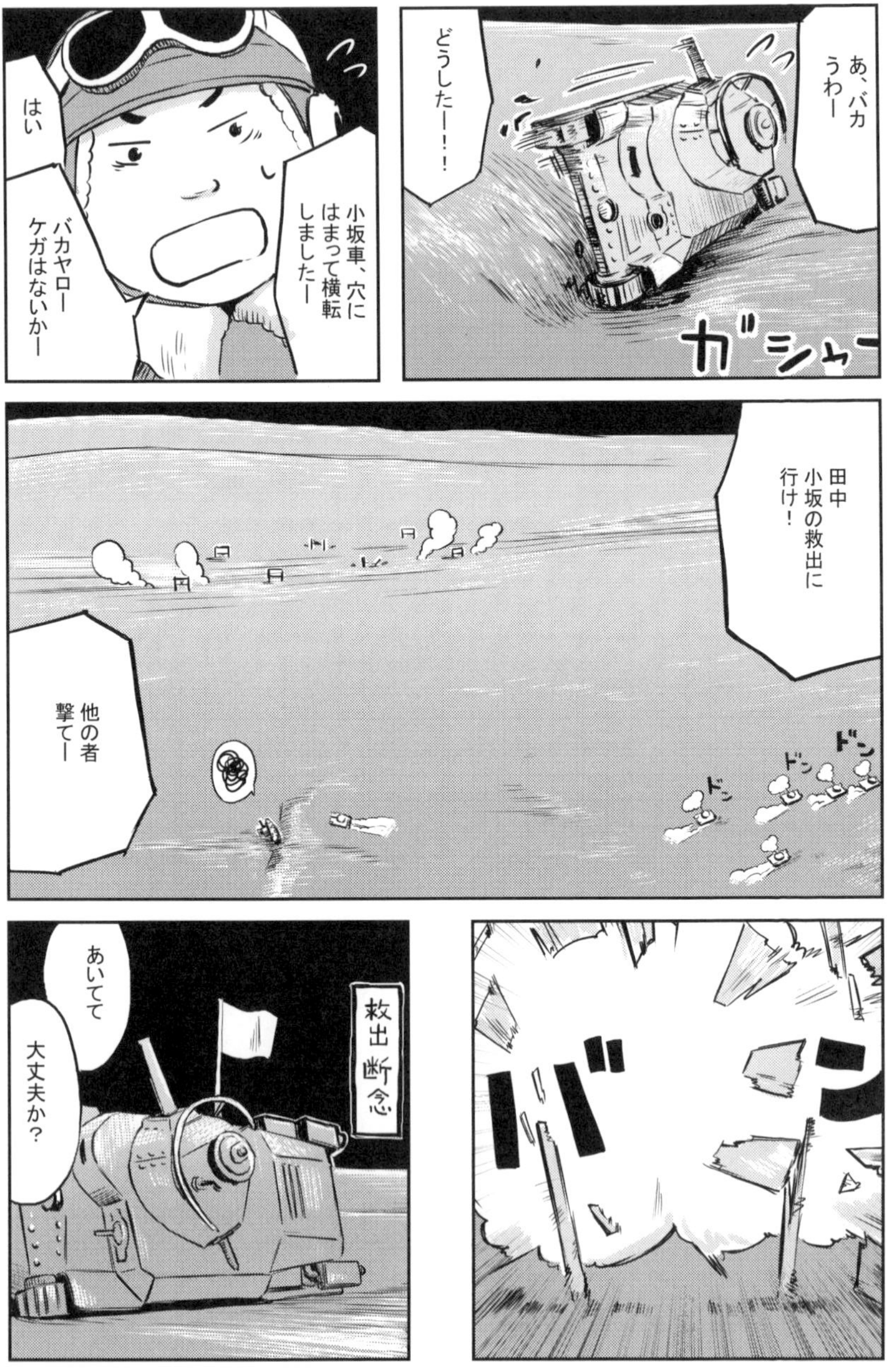
あ、バカ
うわー
どうしたー!!
ガシャー
小坂車、穴に
はまって横転
しましたー
バカヤロー
ケガはないかー
はい
田中
小坂の救出に
行け!
他の者
撃てー
ドン
ドン
ドン
救出断念
あいてて
大丈夫か?

いやー ドジ踏んじまった
中隊長に しぼられるぞ
ブロロ
小坂 ケガはないか
あ はい 申し訳ありません 戦車をこかして しまって
全くだ 今後はこういうことのないように より厳しく指導していくぞ
はいっ
ははは 良かったな またしごいて もらえるぞ
まったく お前のせいだぞ お前がよく 前方確認しない から！
まぁでも

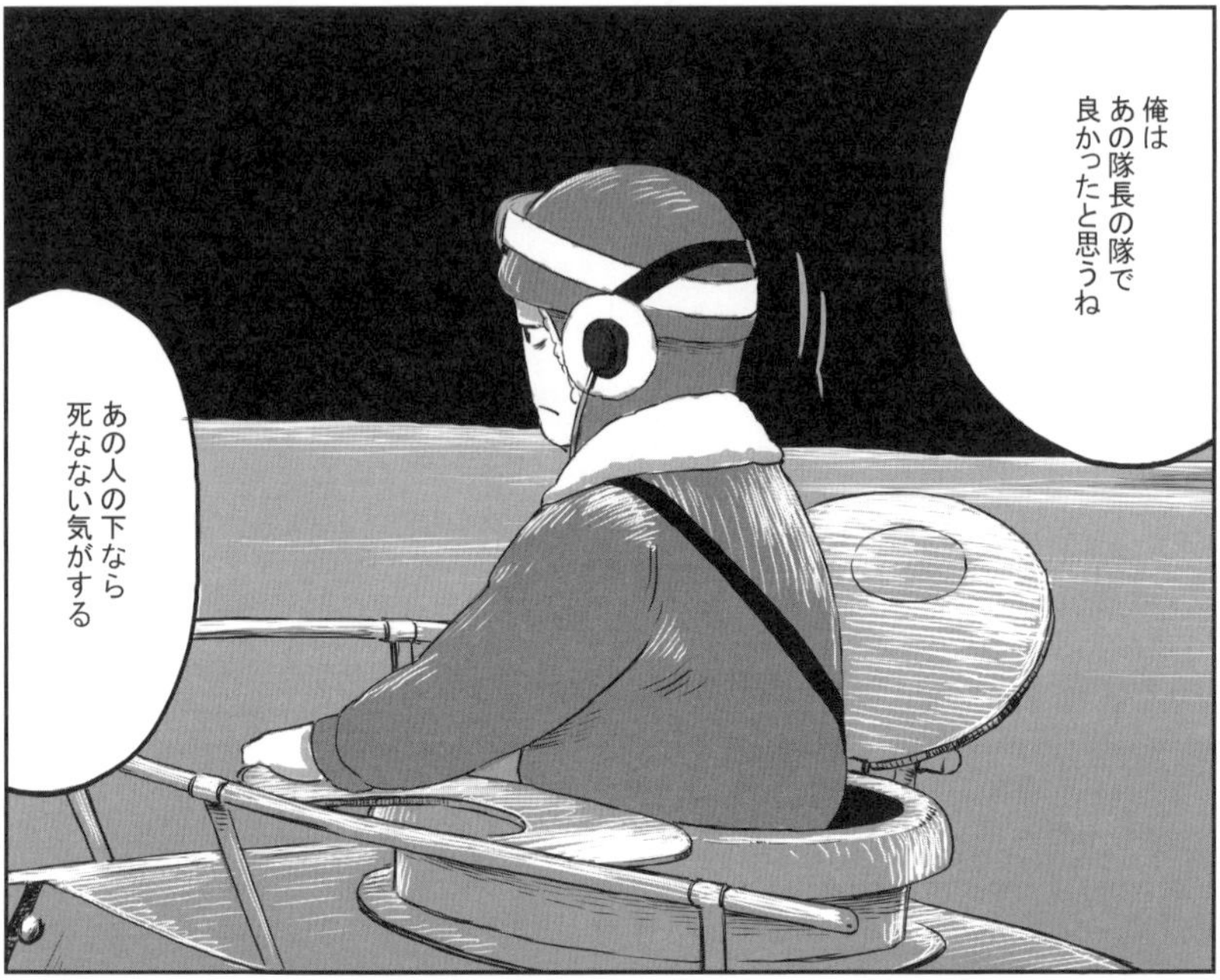
俺は
あの隊長の隊で
良かったと思うね
あの人の下なら
死なない気がする

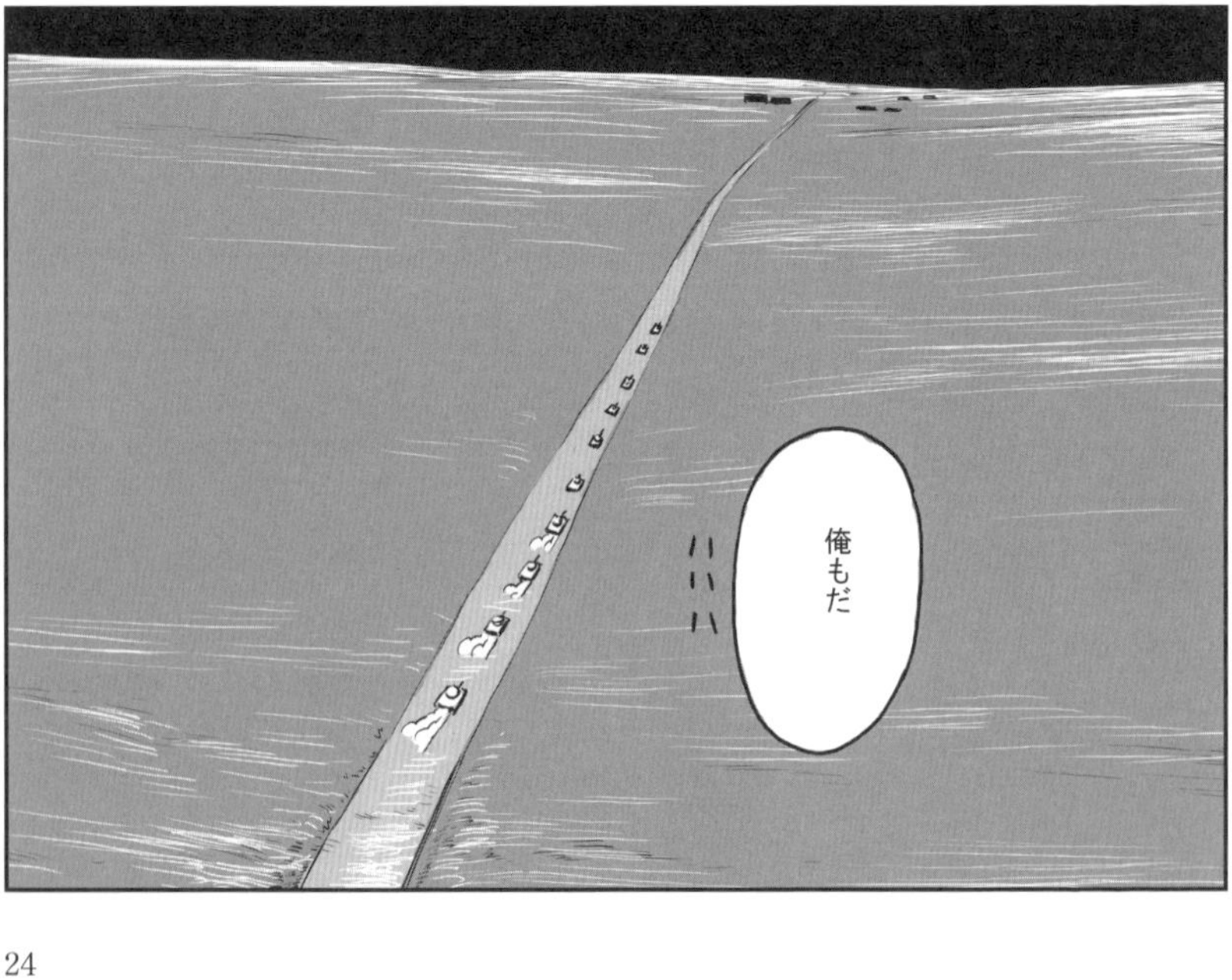
俺もだ
ハハハ

1945年
8月8日
日ソ中立条約を破棄した
ソ連軍が満州に侵攻
ソ連軍の
巨大な戦力に
疲弊した日本軍は
撤退を余儀なくされた
鈴木
しんがりを頼めるか
はい
よろこんで

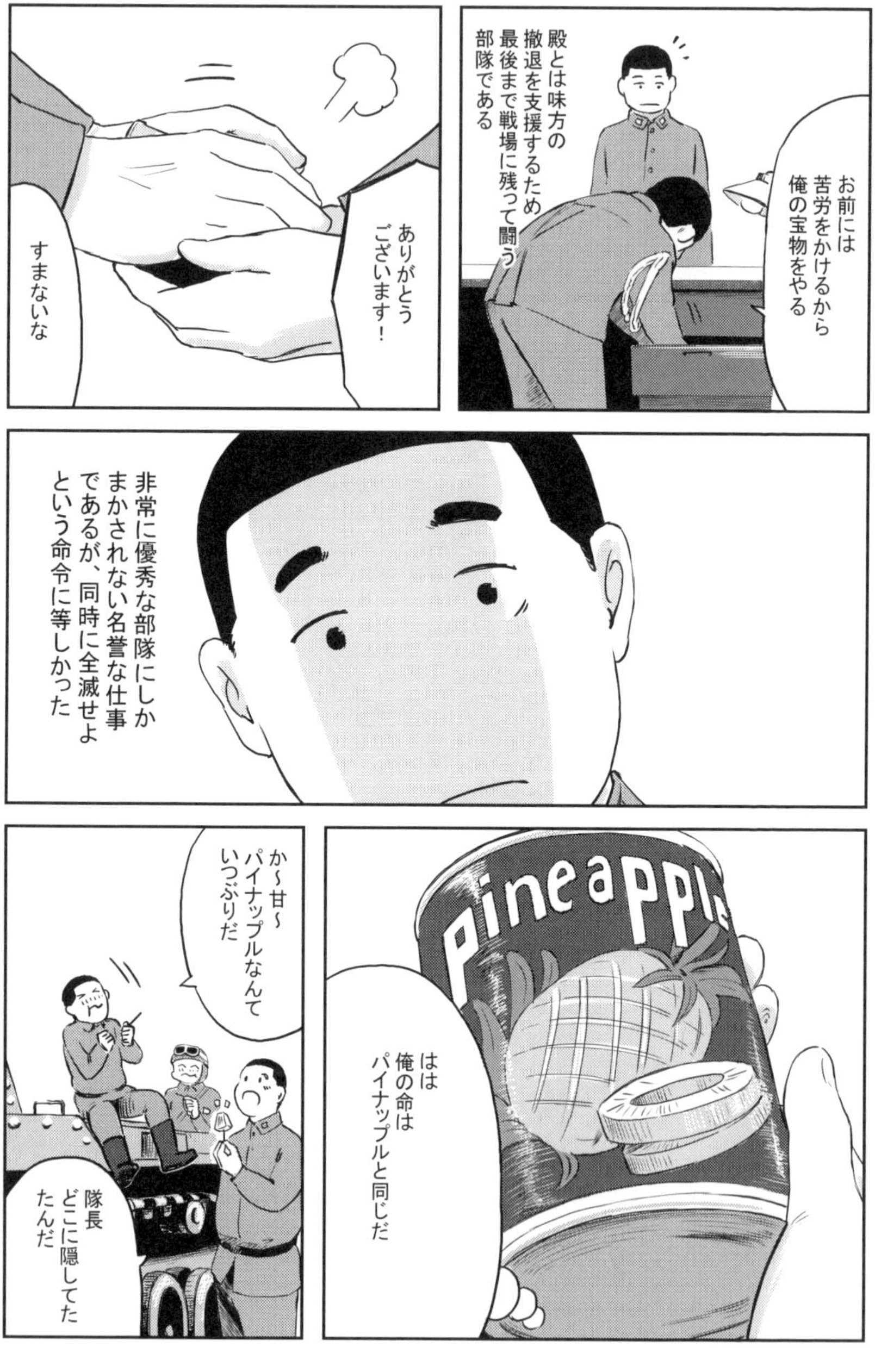
お前には
苦労をかけるから
俺の宝物をやる
殿とは味方の
撤退を支援するため
最後まで戦場に残って闘う
部隊である
ありがとう
ございます！
すまないな
非常に優秀な部隊にしか
まかされない名誉な仕事
であるが、同時に全滅せよ
という命令に等しかった
pineapple
はは
俺の命は
パイナップルと同じだ
か～甘～
パイナップルなんて
いつぶりだ
隊長
どこに隠してた
たんだ

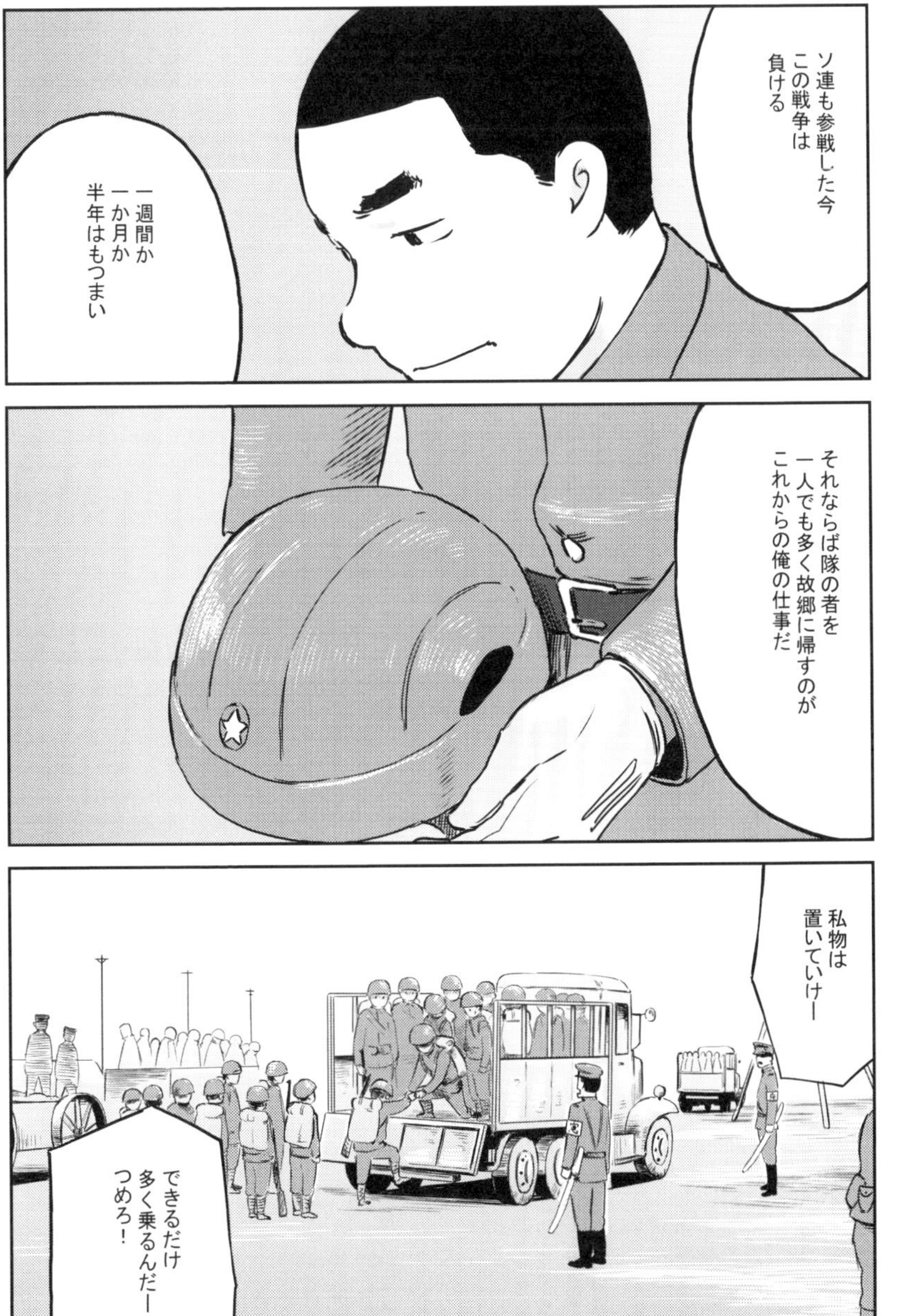
ソ連も参戦した今
この戦争は
負ける
一週間か
一か月か
半年はもつまい
それならば隊の者を
一人でも多く故郷に帰すのが
これからの俺の仕事だ
私物は
置いていけー
できるだけ
多く乗るんだー
つめろ!

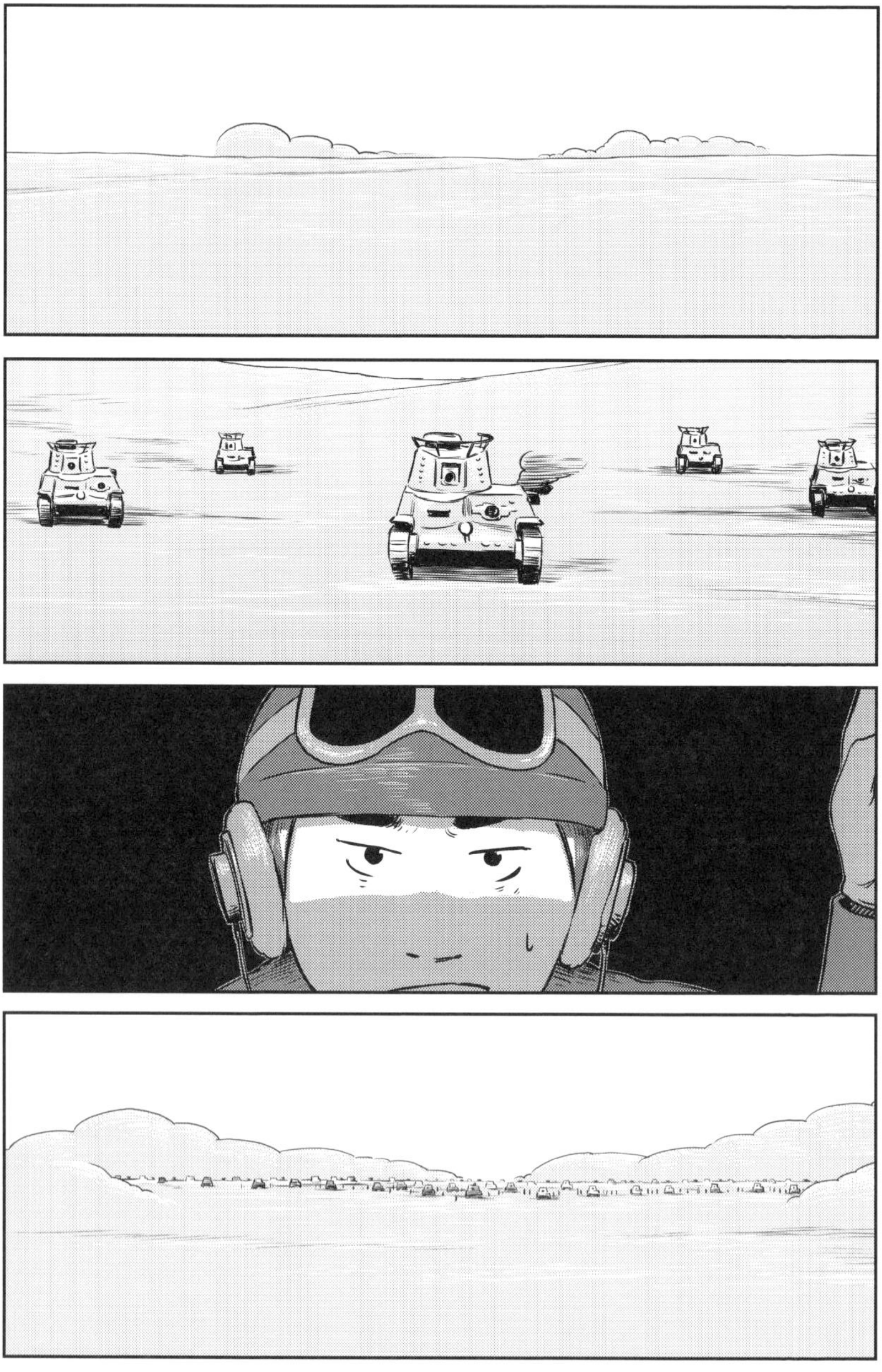

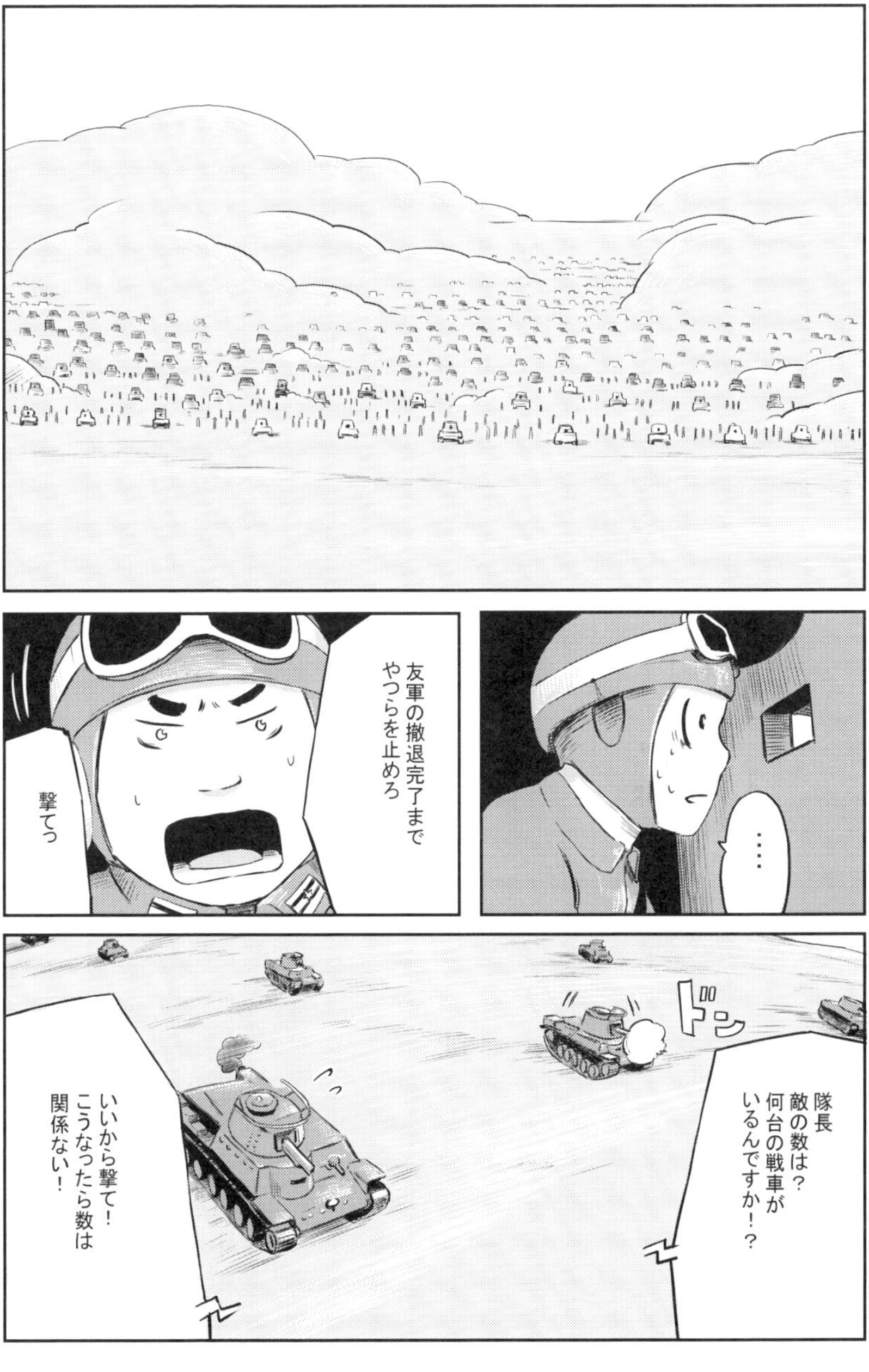
・・・・
友軍の撤退完了まで
やつらを止めろ
撃てっ
ドン
隊長
敵の数は？
何台の戦車が
いるんですか！？
いいから撃て！
こうなったら数は
関係ない！

……
おかしい…
これだけ撃って
なぜ沈黙
している
ボン
ボン
もしかして
こちらの数が
つかめていないのか？
俺らのことを
おとりだと思っている？
隊長！
友軍の信号弾です！
撤退完了です！
シュバー
おお
やっとか…！

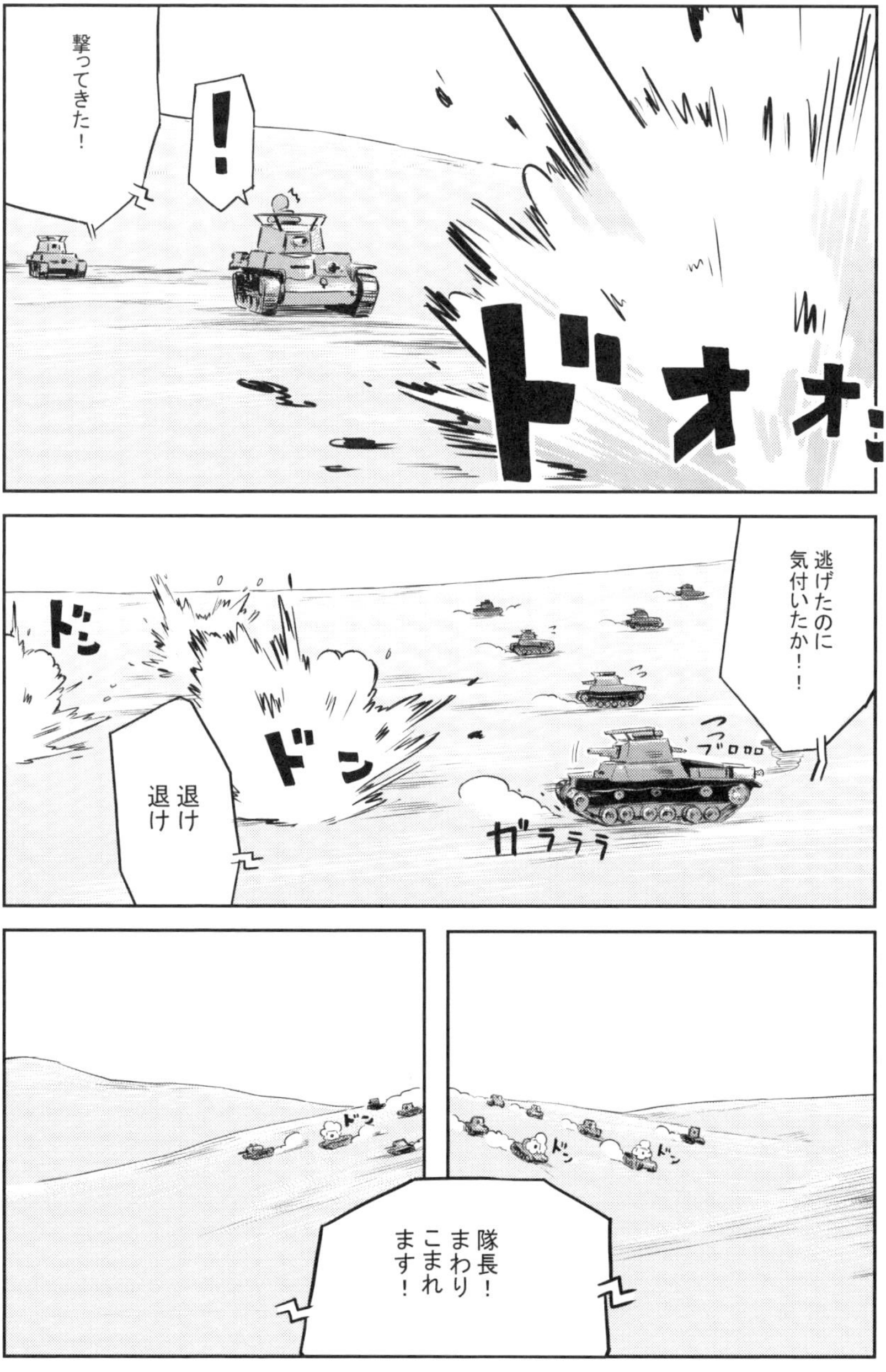

ドオオ
！
撃ってきた！
逃げたのに気付いたか！！
ブロロロ
ガラララ
ドン
退け退け
ドン
ドン
ドン
ドン
隊長！まわりこまれます！

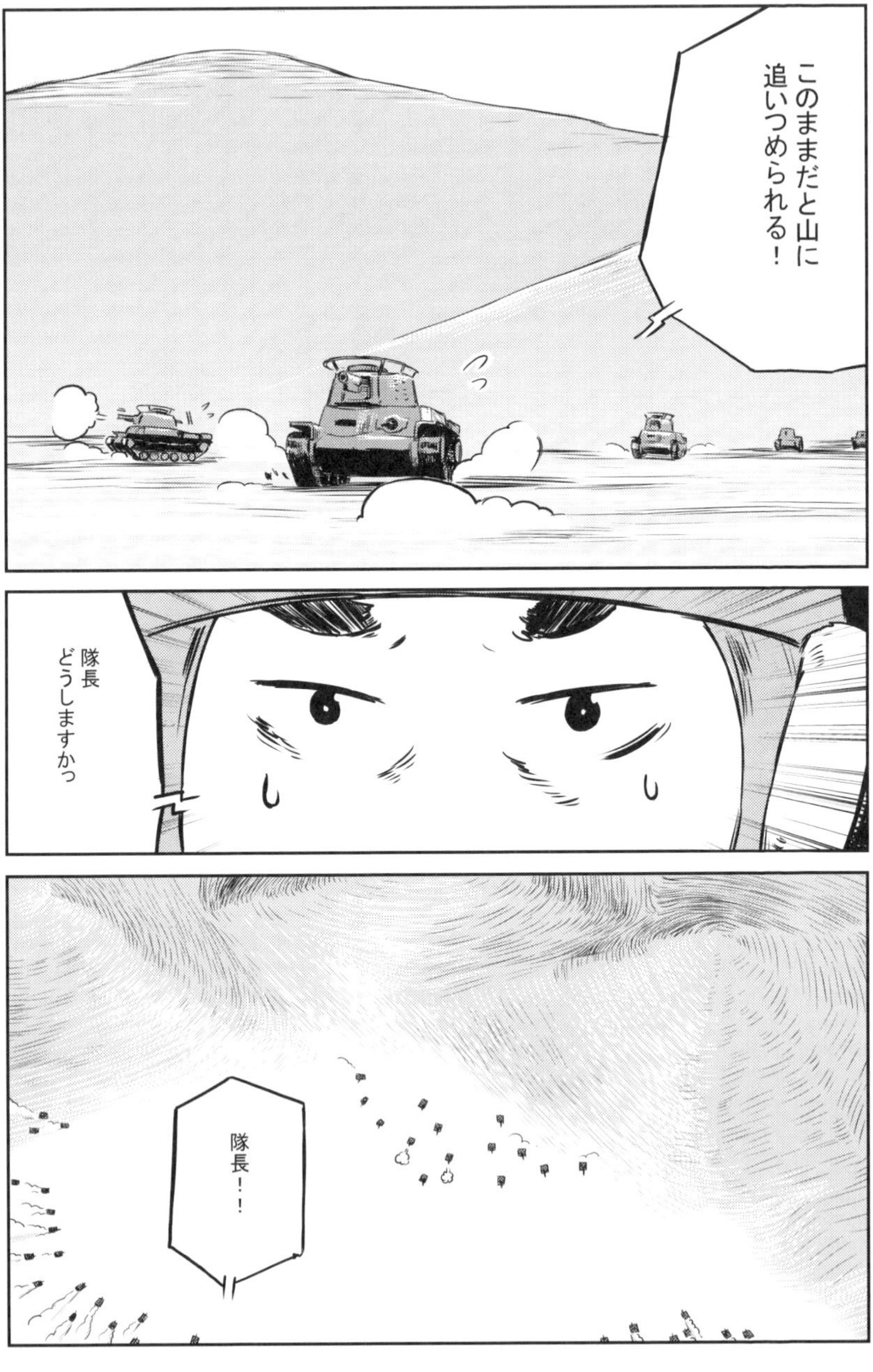
このままだと山に
追いつめられる！
隊長
どうしますかっ
隊長！！

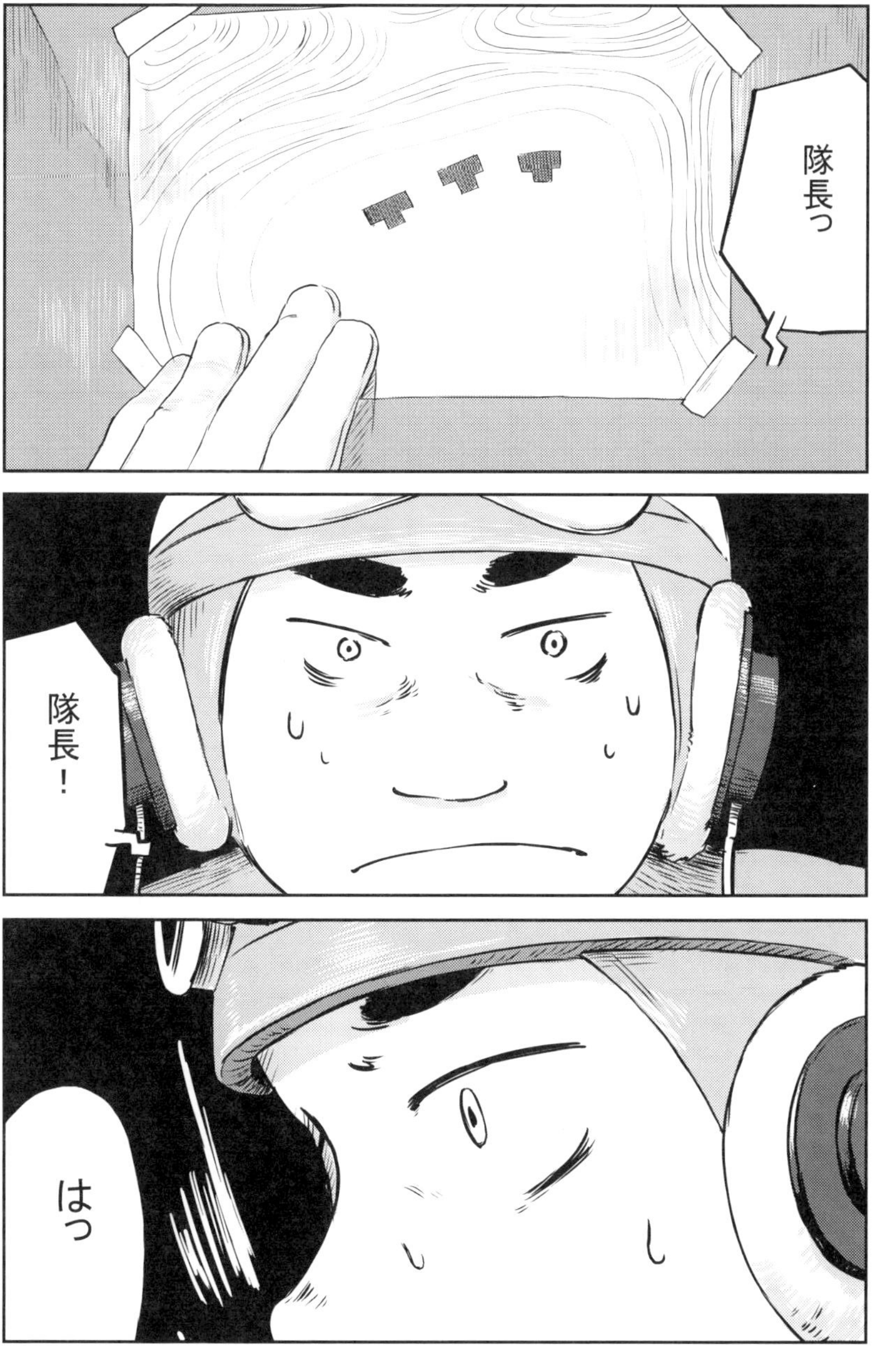
隊長っ
隊長！
はっ

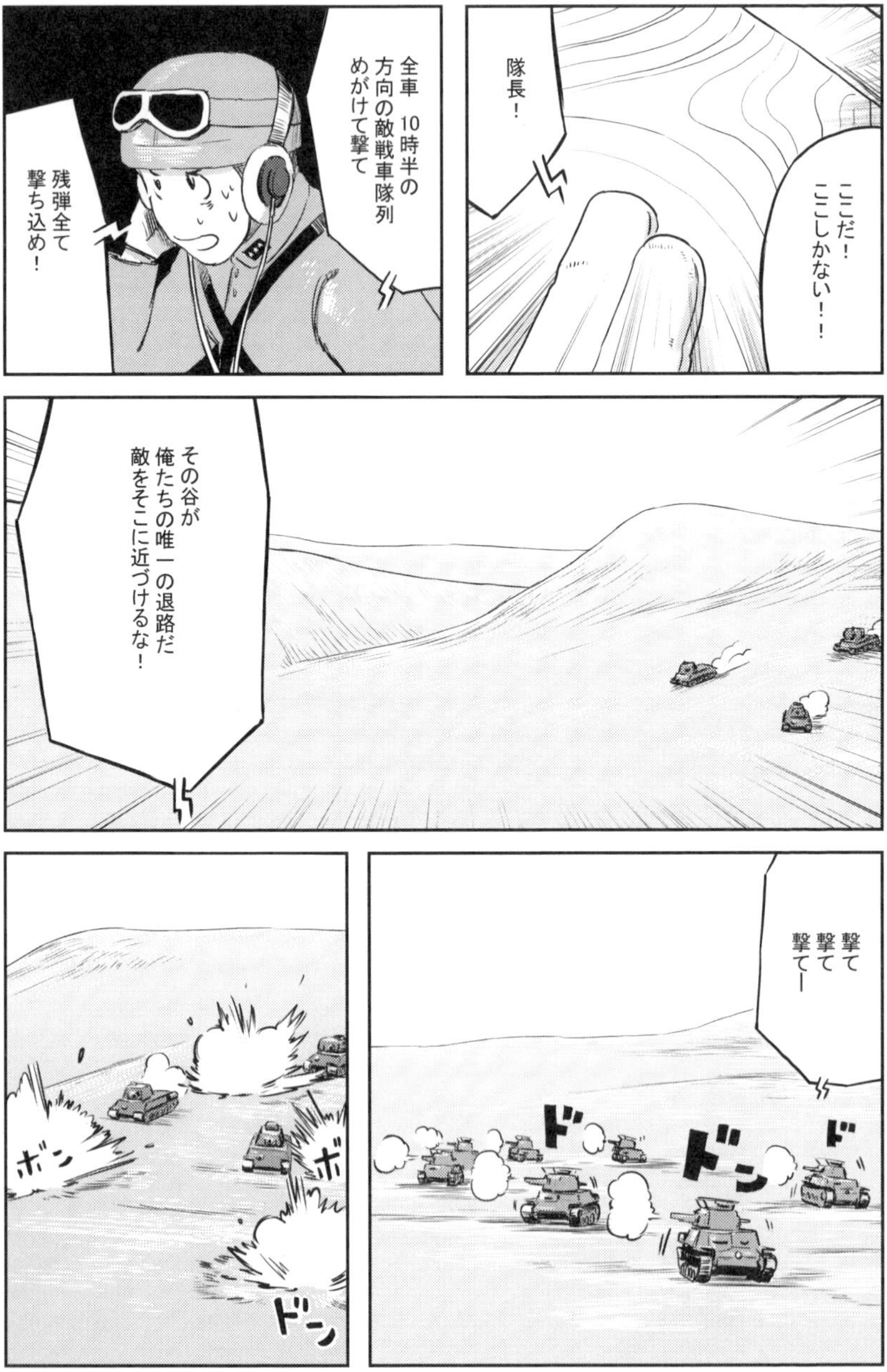
ここだ！
ここしかない！！
隊長！
全車 10時半の方向の敵戦車隊列めがけて撃て
残弾全て撃ち込め！
その谷が俺たちの唯一の退路だ
敵をそこに近づけるな！
撃て撃て撃てー
ド
ドン
ド
ボ
ボン
ドン

ガァアン
ガイイイン
ヴロロロ
ドン
退いた！
ドロロ
ドン
ガロロロ
よし
行けっ
ドン
ポンッ
ぎゃっ
バァーン

大丈夫か！！小坂っ
機関停止！エンジンをやられました
俺たちにかまわず行って下さい
砲は生きてるので俺たちがここで敵を止めます！
バカヤロウ！！ここまで来てあきらめるな
車を捨てて俺の戦車にしがみつけ
この戦争は負けるが俺たちは命をかけて闘ったんだ
胸をはって国に帰るぞ！
行くぞっ
ヴロロロ
ガラララ

俺たちはもう十分闘った
帰るぞ

胸はって全員で日本に帰るぞ！

ボー
ザザー

鈴木
これで
俺もお前も
職業軍人人生
終わりだな

終戦から今日まで
よくぞ一人の戦死者も
出さないでこの復員船に
乗せた
立派だよ
ポン
今日からは
市井の人として
国家再建こそが
任務だ
大変な仕事だ…

栄養シチュー
一杯もらえるかい
20円
20円？バカに値がはるなぁ
何言ってんだいここらじゃうちが一番安いよ
あ、中隊長どの！？
小坂！久しぶりだなぁ元気にしてたか！
はいっおかげ様で中隊長もお元気そうで！
中隊長？
おいおいもう俺は中隊長じゃないぜ
なんだい、あんた士官さんかいそんならうちにあんたのような方に出せるもんはないよ
他行ってくんな！
ピ
栄養

あんた
そりゃないだろ！
ふん　あんたら
戦場じゃたんまり
銀シャリ食えたって
話じゃないか
俺たち庶民が食うに
困ってるときに
そんな！
俺たちだって米が食えたのは
ずっと最初のころだけだ！
もういい
小坂
働き手をとられて
殺された俺たちにあんたらは
何もしてくれない！
負けて軍がなくなれば
はいサヨナラか！
俺のかわいい甥っ子は
何のために死んだんだ！
何が名誉の戦死だ！
そんな名誉…
このゴミの
シチュー以下じゃないか！

本当に肩身が狭いですよ 俺たちがこの前まで 国のために命はってたのは 何だったんだろう
仕方ない 米でも 買って帰るよ
あ、米なら あっちに良い店が ありますよ
品質 米 優良
はいじゃあ 百十円ね
はい じゃあこれで
…あんた このお金は 使えないよ
え？ どうして
あ 中隊長…
ついこの前新円切替が あったんです そのお金はもう 使えません
新円 …？
新円切替とは 急激なインフレ対応と徴税のため 預金封鎖とともに一斉に円を 新しいものに交換したことを言う
旧円
旧円
新円に交換できず 口座に残った旧円は自動的に 無価値の紙屑になった
な… じゃあ俺の 預金は
国にとられたような もんですよね… あ、ここは俺が…

決して金のために
やってきたんじゃない
ただこの国を信じる心から
この身をささげて闘ってきた
しかし
この仕打ち
この有様は
なんだ
俺が信じた国家とは
なんだったんだ
中隊長
さっきの旧円なら
彼らが買って
くれますよ
進駐軍の兵士は
無制限に旧円を新円に
交換できるらしくて
ずいぶん安く
買いたたかれますけど
紙屑にするよりは
マシだ

家族のためには
プライドよりちょっとでも
何か食べるものを持って
帰ってあげたほうが
いいですよ
日本銀行

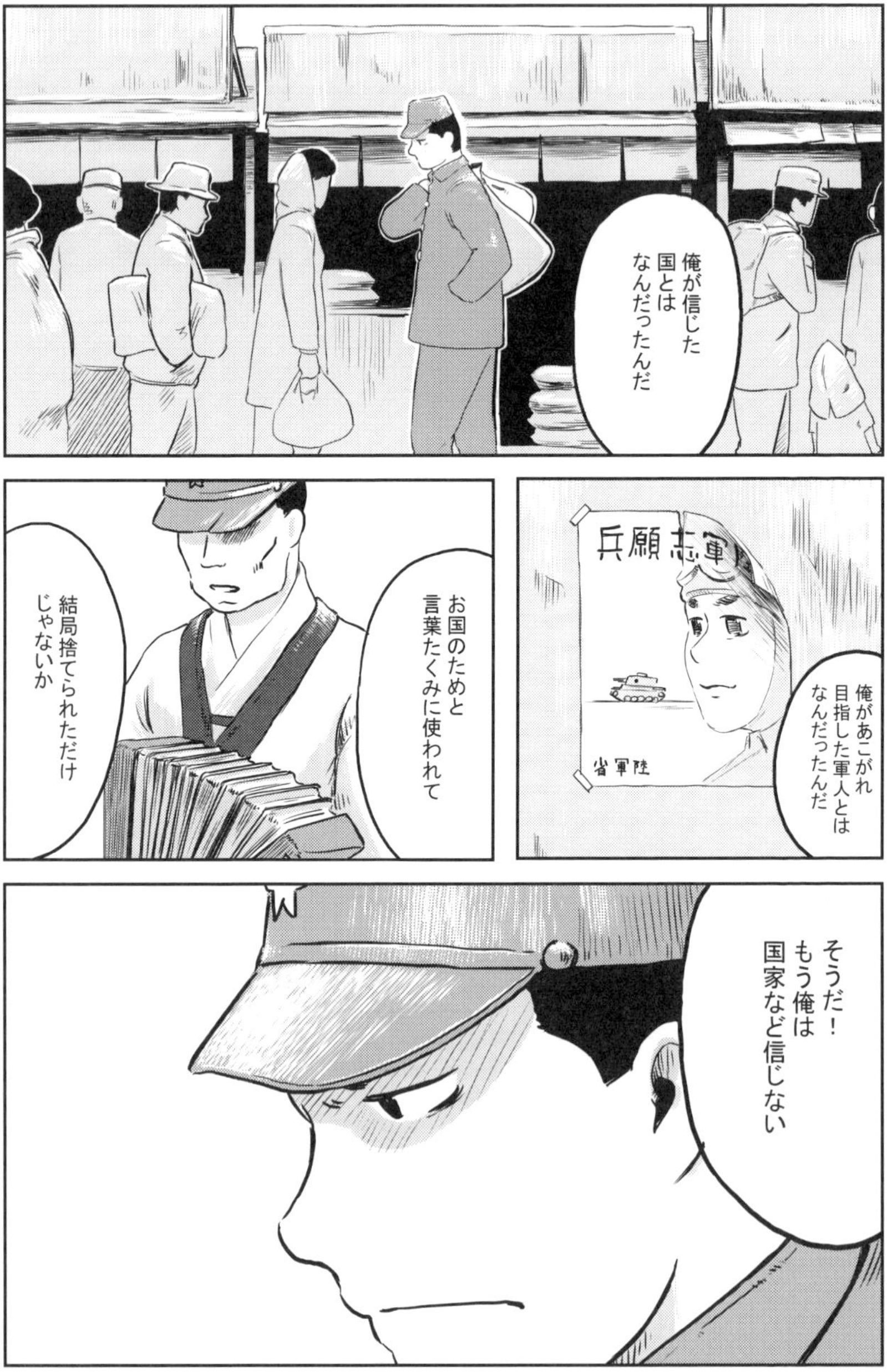
俺が信じた国とはなんだったんだ
俺があこがれ目指した軍人とはなんだったんだ
軍志願兵
陸軍省
お国のためと言葉たくみに使われて
結局捨てられただけじゃないか
そうだ！もう俺は国家など信じない

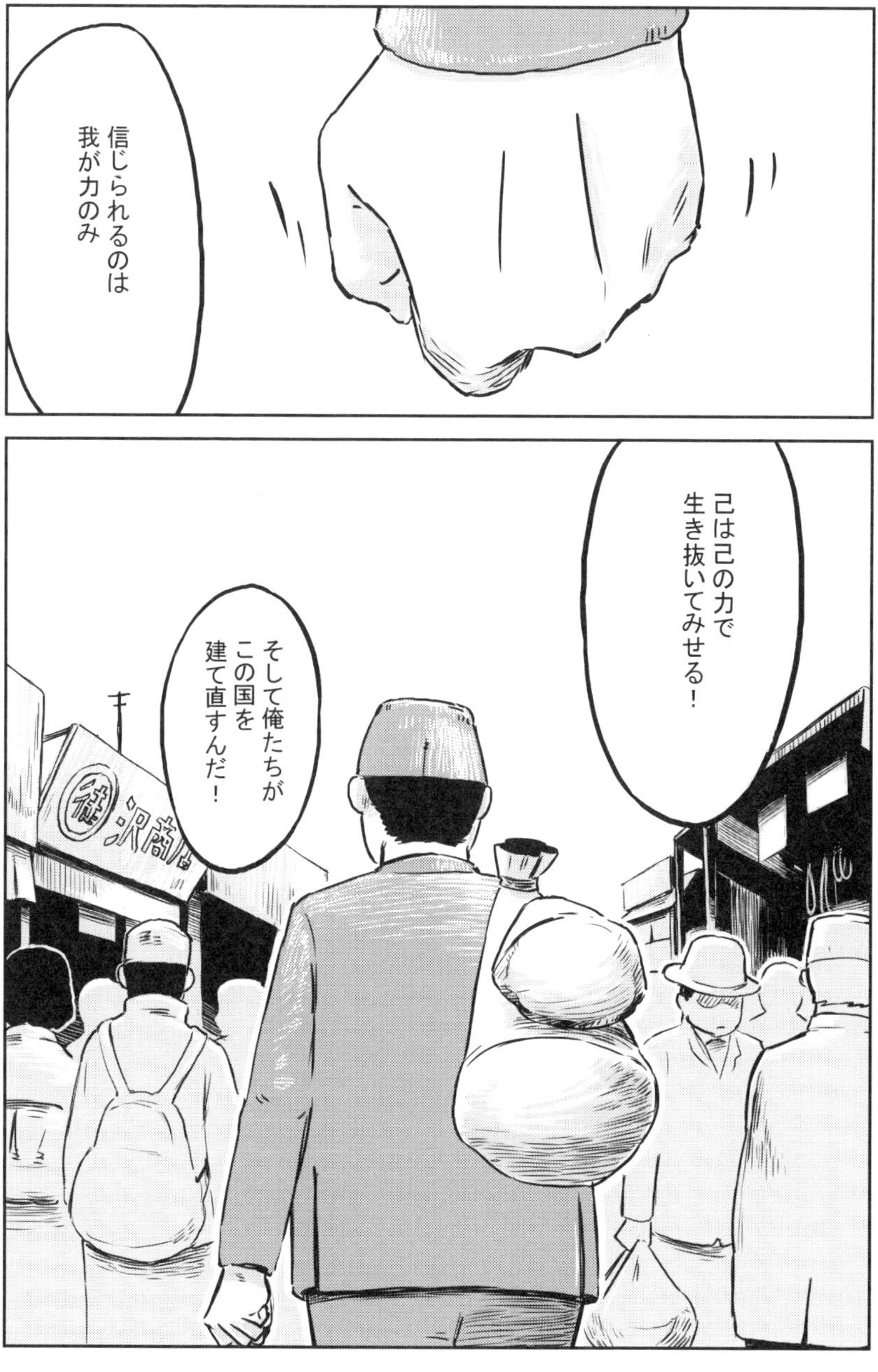
信じられるのは我が力のみ
己は己の力で生き抜いてみせる！
そして俺たちがこの国を建て直すんだ！

# 第2章 おじいちゃんの信念

## 戦後の日本でおじいちゃんを待っていたもの

中国から復員した時、祖国は絶望的に変貌していました。価値観は大きく変わり、人々は目先の利害だけに振り回されていて、人間としての誇りを置き忘れてしまいました。また、国家財政も破綻していました。この現実を前に、国家は信じられない、との思いを深くしました。頼れるのは自分だけであること……。そして、その思いとともに「お金」の本質を見定め、事業の礎を築いていきます。

## 日本は大事なものを失ってしまった

中国大陸からの復員後、日本は大きく変化していた。

第2次世界大戦中の軍備のための借入金が増大し、国家財政は破綻寸前になっていた。物価は1945年から49年の間に約百倍というインフレが発生、国民生活は極度の貧窮状態にあった。

飢えが日常となっていた。

他方、短い間に価値観が転倒した。

かつて、出征した兵士を歓呼の声で送っていた祖国の人々は、復員してきた兵士たちを蔑み、嫌悪した。

死を賭して国を守るために、故郷を守るために戦った兵士たちの思いは何だったのか。

苦しみぬいて、死力を尽くして戦い、死んでいった戦友たちの死の意味は何だったのか。

誰もが「民主主義」と声高に叫ぶが、実際は利己主義に過ぎず、自分の目先の利害だけに振り回されている。そしてかつての祖国を悪しざまにののしることが美徳とされている。

私はもはや社会体制というもの、「国家」というものが信じられなくなった。頼れるのは、信じられるのは己の力のみ。

一方で、自分の職分を黙々と果たしている無名の人たちがいた。貧しいながらも互いに思いやりながら、日夜懸命に働いている人々がいた。

国は滅び、礼節も道義も忘れた人々の狭間に、しかし確かに矜持を保ち、他者をおもんばかる愛すべき人々がいる。

私は、この愛すべき人々と、己のためだけに生きる、と決意した。

## 事業の立ち上げ

生きていくためには食べなくてはならない。

しかし戦争ですべては変わってしまい、右も左もわからず途方に暮れた私は、従兄の長倉さんを頼った。

長倉さんは陸軍士官学校の卒業の時に、軍刀まで作って喜んでくれた人だが、変わらぬ好意で私を迎え入れてくれた。14から15人の従業員がいる小さな製缶業である。

ここで私は現場監督の仕事を得たが、よく考えると、こんなポジションは無用の長物。私のためにわざわざ作ってくれた仕事なのだ。

暖かく変わらぬ心を持ち続けている人は、いる。

ご厚意に申し訳なく思うとともに、感謝に耐えないおもいである。

このころ、私の周囲の人たちがお膳立てしてくれて、大学へ入らないか、という話があった。

義兄が学費も出してくれる、ということで勇躍して登校したが、そこで語られる『民主主義』という言葉の空疎な響きに失望した。内容を自分の身体化していない、形だけの、形式だけの言葉に踊らされ、これを事大主義のように盲目的に祭り上げている。

『大学とは馬鹿の行く所なり』

これが私の感想で、一日だけの大学生であった。

このころ、私の弟が死んでしまったこともあり、母はとても心細く、寂しかったのだろう。結婚をして、三保（現・静岡県清水市）へ帰って来い、と懇請するようになった。もはや子供が私一人になってしまった母の思いを大事にし、清水に戻って再出発することにした。

ある日、横浜護謨《ごむ》金町工場のＹ総務課長から『金町のレザーやゴム長《なが》を売ったらどうだ』と応援の手が差し向けられてきた。横浜護謨のゴム長は最高級の品質である。どの製品にも負けない最強最高の商品である。

清水三保は港町である。港町では、ゴム長に対する感覚が洗練されている。より良い品を求める声は高いだろう。

私は、ここでお客様が求めているもの、その中で最強の商品を提供できる機会を得たのだ。

昭和24年半ばの頃であった。

人間、真剣になって一所懸命やればなんとかなるものだ。朝鮮戦争による好景気も手伝って商売は順調に拡大して、昭和28年には有限会社を設立、商事部門主体の20数名の会社になった。扱う商品もゴムから化成品に、さらに工事・加工部門へと拡大していった。

ゴム長の販売の時に得た教訓は、『お客様の求めていることを探す』という商売の要諦である。この成功には、清水という港町が最高のゴム長を求めているという需要が欠かせない。すなわち、お客様が何を求めているのかを調査する必要、さらに敷衍すれば、情報を的確に得る努力、これがとても大事なことであると肝に銘じた。

事業拡大の基調は続いていたが、やがて朝鮮戦争が終結し、全国的な不景気の時代を迎えた。

新たな販路が欲しいと模索して情報を集めていたところ、農協（静岡県購買農業組合連合会）の購買部のことを知り、自転車で日参、丸３か月後に見積もりの依頼を受け取ることとなる。ところがこの購買部は県下全農協の購買を一手につかさどる部門で、受注量は半端ではない。ゴム靴など、どのサイズも何百足という単位である。大慌てで横浜ゴム、日本ゴム工業などのご助力を仰ぎ、納品することができた。

この実績などにより、社は信用を得ることができたが、業務は多岐にわたりだし、静岡から、三保、富士宮と自転車で回るには過大で、伊東の自動車会社なども頻繁に利用するようになる。

そこで遠い親戚の紹介を頼り、日商岩井清水営業所の隣に拠点を移すことになった。

この拠点を移す時に融資を受けたのが静岡信用組合である。

この融資を発端とした信用組合との取引開始を基盤に、わが社の発展の基礎が築かれたのである。

工事部門では、庵原村の12万平方メートルに及ぶミカン園の共同防除用の配管を受注した（当時日本一の規模であった）が、わが社の関与は技術援助にとどめ、実際の工事は農協に譲った。将来の配管の延長を考えると、農協の今後の発展のためにもなるだろうと判断したが、これにより農協とも信頼関係を築いていった。

## 事業の躍進と企業理念の確立

その後も我が社は日本軽金属関連会社で製造した日本一の性能を持つ耐酸タンク販売、ミカンの脱皮装置の開発により、業界で大きな成功を収めていった。

そんな矢先、１９７３年10月に日本の産業に大打撃を与える第一次石油ショックが起こる。

石油価格の高騰、経済的大混乱により、業界全体が右往左往していたが、戦争を経験していた私は、常日頃から最悪の事態を想定して備えるという心構えがすでにできていた。

石油ショックが起こった年の正月元日、なんとなく「今年は儲かるぞ」と発展のチャンスが到来する予感がしていた。そろそろ、私が16年前に発想し、創業15周年の記念式典でも発表した企業理念を実行に移す時なのではないか。

その理念とは

『社会への奉仕と、企業の永遠性とより豊かな生活を活動の指針とし、トランジスターのように小さくても性能に優れ、高賃金を生み出せる会社を創ること。

多くの社員が雇われ主ではなく、会社の代表者になること。

それにより、生活に幸福と充実感が生まれ、会社に出るのが何よりも楽しみになる、そのような好循環で回る会社であること。

毎日、全社員の喜々とした顔を見ることのできるようになること』。

この理念を基に考えたのが、以後20年以上も我が社の目標となり、戦略となる『群れの経営』と『開発型企業』だ。

社員一人ひとりが経営者としての意識を持ち、独立採算制という姿勢を取る『群れの経営』。石油ショック直後にはそれを実行すべく、社員たちをそれぞれ独立させた。

さらに、それまでの受注産業はその都度の設計、施工である為に損益が把握しにくく、脱皮技術も缶詰以外の発展が見込めなかったこともあり、今後は仕事を受けるのではなく、自ら生み出していく『開発型企業』への大きな転換も決意した。

石油ショックが起きてすぐに、まずは地盤を固めようとグループ会社を統括した『鈴木総業』を設立。世の中は混沌としていたが、私は新しい時代の幕開けを予感した。この世相が経営者としての意欲をさらに強く奮い立たせるのだ。

物事が上手くいく時は運が大きく手伝う。重要なのはその運を掴むための準備ができているかどうかということだ。我が社は石油ショックの時はすでに準備は万端、後は実行に移すだけという状態であった。私にとって、石油ショックはむしろ好機の到来、絶好のチャンスだったのだ。

『開発型企業』としてまず実行すべきは開発の技術者の招聘だ。

知り合いのツテを必死に頼り、東奔西走。やがて我が社の主戦力のひとつとなる緩衝材「αゲル」を開発した、中西氏（当時・副社長）を我が社に迎え入れることができた。『開発型企業』としての我が社の技術の要となったのは、同じく中西氏が手掛けた局面印刷技術と前述した緩衝材αゲルだ。前者の立体局面に印刷する特殊技術は、世界の高級車や家具、家電など製造過程で重宝され、世界20カ国、50社あまりの会社に技術輸出するまでになった。

αゲルは中西氏の高い技術力と知識を商品化したもので、18メートル上から生卵を落とし、20ミリのαゲル板で受けても割れないという宣伝をしたところ、この演出がやたらと評判が良かった。

評判は上々だが、αゲルは局面印刷に比べると収益の安定性が伴ってはいないことは懸念点だ。

この激動の時代において、意識改革や実行力にスピードがないのは致命的。目まぐるしく流行りが移り変わるデフレの今、時の流れと競争、即ち時代の変化への俊敏な適応力こそが、経営の命だ。

その原理を基に、我が社は時代の変化に迅速に対応したことで、石油ショックをどこよりも早く脱却し、成功への道を大きく前進することができたのだ。

さらなる企業成長の為に、（社員全員に関する）次の課題も考えている。

1 若い時にしかできない経験を積むこと。一度は別の会社に勤め、様々な人と働くことで人々の心情をよく理解できる人間になること。

2 ただの感覚、思い付きだけで行動することは、物事の原則・基本を軽視することになりかねない。裸の大将にならぬよう、地に足を付け、日々努力を怠らないこと。

③大学就学中、他社見習い中の時から、どんな企業を創業すべきかと考えさせる。卒業時に1千万円の資本金を渡し、社員募集からすべて自力で企業に挑戦させ、意欲と能力を試す。

これに成功したら、既存の会社に兼務役員として迎える。これによって、社員から尊敬される自分を自分の手で作り上げる。

これらは「企業の永遠性と働く人々のより豊かな生活」を実現するために必要な重要試練だ。社員を甘やかして妥協をすることは結果、将来の悲劇を生むだろう。

激動の時代、企業の盛衰はまず一に社長、その人の人間性にあるといっても過言ではない。経営者としての見識、感性、決断力、実行力といったその人の本質が、強く問われるのである。

以上が祖父（故　鈴木保）が書き残した手記である。

私の祖父が戦後何もない状態から這い上がってこれてきたのも、この手記の中にも書かれているマインドがあったからこそである。

その中で、とりわけ重要なマインドを次の章で説明していこう。

# 第3章 おじいちゃんから教わった生きた言葉

戦争、敗戦、ゼロからの事業の立ち上げ、そして鈴木総業の拡大……という波乱の人生を送ったおじいちゃんの言葉は、自身の生きざま、経験に根差しています。危機の時代の今、その言葉を改めて捉えなおしてみると、とても重く、また新鮮に見えてきます。

## ピンチはチャンスと受け止めよ

祖父の思考は常にこのマインドを持っていました。それは戦時中に培われたモノだと言っております。戦時中に幾度となく命の危機に晒される経験をしてきた祖父ですが、「生き残る」ためにはどうしたらよいか？

常に生き残りの道を模索してきたからこそ、チャンスに変えてきたのです。

『今の「変化」は己にとって「何のチャンス」だろうか？　「変化」を前向きに捉え「知恵の出し方」如何が勝負を決めるんだ。』

これを口癖のように言っておりました。

これまで生きてきたことを思い出してみてください。何もなく平坦な人生だったでしょうか。または、逆境だったけど乗り越えられたということはありませんか。

何かしら辛い経験や挫折を経験してきたはずです。どんな出来事だったかは人それぞれ違います。どんなことでもよいので、過去にピンチを乗り越えたときのことを思い出してみてください。

「でも、今のピンチとは状況が違う…」と思うかもしれません。状況や出来事は違ってもいいのです。ピンチを乗り越えたという経験値が大切です。あなたは、これまで何も考えずに生きてきたわけではないはずです。悩んだことも悔やんだこともあると思います。ですが、あなたには今があります。それはピンチを乗り越えてきた証拠なのです。

その経験値は積み重ねであり、今起きてるピンチやこれから先起こるかもしれないピンチを乗り越える為の能力になります。

「あのときも悩んだけど、何とかなったじゃないか」と気楽に考えるだけでもピンチはチャンスに変えることはできます。

ピンチとチャンスは表裏一体なのです。

全ての出来事に良い・悪いはありません。それは事実と解釈の違いなのです。ピンチな出来事でも解釈がポジティブならばチャンスを捉えます。チャンスな出来事でも解釈がネガティブならばピンチに変わります。

世の中では、成功者ほどマイナスな体験をしています。しかし成功者は失敗を前向き

に捉えます。マイナスな体験には、必ずもう一方の素晴らしいポジティブが存在しているのです。

## 迷ったときこそ、あえて困難な道へ進め。

祖父との会話のやりとりの中で、こんな質問をされたことを覚えています。

「今から10年経って、己を振り返った時、今、何をしなかったことを後悔するか？」

何かをして後悔するのでなく、何をしなかったら後悔するのか？

と質問をしてきたのです。

私は、今の年齢になって、その質問の重みを理解しています。

今、その質問に答えるなら「失敗の仕方を学ばなかったこと」と答えるでしょう。

失敗の仕方を学んでおけば、今、こんなに苦労をすることはなかったのにと常に思います。

祖父がその時、言ったのは
「穏やかに変化もなく、そのままを受け入れる幸せもある。けれども後で己を振り返った時、自問して『あの時は大変だったけど、良い経験だった』と思える方が、はるかに幸せだし価値があるだ」と。

その言葉を聞いて以来、何度も失敗を繰り返し、打ちのめされる出来事にあっても、あとで振り返ってみたとき、深い満足感のある1日にしようと心掛けています。人は、毎日、安心感のある場所にいるだけで短期的には自分は幸福な人間であると思うことができます。

しかし、ずっと安心感だけを追い続けていると「楽な人生だったけど、もっと何かをできたのではないか？」という苦しさにじわじわ追いかけられることになります。

人が最期を迎えるときに後悔することの中に、「チャレンジすればよかった」ということがあります。

今の自分はどんな状態でしょうか？
やりたいと思っていることをできているでしょうか？
やりたいことは、「やろうと思えばできる」うちにやるべきです。
「いつやるか」という計画を具体的に予定に入れることで、夢は実現していきます。

人は、大変だったけど、振り返った時に良い経験だったと思えるほうが、より幸せを感じるものなのです。

## 『強いもの賢いものが生き残ったのではない、変化に順応できたもののみが生き残る』

この言葉は進化論を唱えたチャールズ・ダーウィンが使った言葉ですが、祖父は口癖のようにこの言葉をよく使っていました。

多くの方は「強く」なろう！「賢く」なろう！といった憧れがあると思います。ですが、生物の世界では、環境の変化の適応に成功し、生き残っているだけで、種としての成功を収めているのです。

強いから生き残っているのではありません。変化に順応できたもののみが生き残る。

「生き残ったものが強い」

変化ができなかった、あるいは変化に遅れたものは消えていきます。変化していく環境の中、生き残れるように素早く変化を遂げた結果、種が存在し、今「生」を満喫して

います。

私たちは、こうした生き残っている生物たちから学ぶ点が多くあります。

例えば不況にはどう立ち向かうのか。

「強くなろう」という発想は捨ててください。「生き残る」という発想への転換です。強いだけなら、恐竜たちは生き残れたはずです。しかし、知恵を持たない恐竜は絶滅してしまいました。逆に、小動物や微生物たちのような弱い生き物のほうが、急速な地球環境の変化にいち早く対応し、生き残ることができました。

それが本当の強さです。

「増強と拡大」ではありません。これからの時代は確実にＡＩの時代が訪れます。そのＡ

Ｉを批判しても、それは変化に順応できなかった者の嘆きでしかありません。これからの時代、強さを求めるのではなく、どうやってこの時代に適応するべきか？

産業革命を否定した者は、今の時代の変化に適応できたでしょうか？　それは歴史が証明していますね。ＡＩ化社会はもう目前です、人類レベルでどのようにＡＩと順応して生き残るか？　試練の時代なのかも知れません。

## 何があっても「あ～良かった」と言う

皆さんは、日常生活をしていれば何かしらのトラブルや不運な出来事に遭遇されたことがあると思います。

そんな時、普通なら、今日はついてないなー　と口にしたり思ったりすると思います。

これは私の幼少期の頃の体験なのですが、ある日、高い所から落ちて足の骨を折ってしまったのです。そして私はそのまま救急車で運ばれ病院へ。

両親は、もちろん私を心配して「大丈夫？」「痛くないか？」と心配をしてくれたのですが、祖父が病院に見舞いに来たときは、病室で開口一番「あ～良かった」と言っていました。

私は、足の骨を折って、辛い思いをしているのに「何が良かったの？」と聞き返すと「命に別状はないし、これで全ての厄を落としたから良かったと言ったんだよ」と。

この頃は幼少の頃だったので、あーそういうものなのかと、あまり気にしなかったのですが、よくよく自分の人生の中で考えると、何かトラブルや不幸が起きたときに「あー良かった」という人は祖父くらいなものだと気付きました。

祖父は不幸やトラブルがあるたびに、「あー良かった」と言う癖がありました。これは、よくよく考えると凄いことで、意識して言わない限り、人間、不幸がある度に「あー良かった」と言えないと思います。

参考までに、アメリカのある病院で行われた実験ですが、Aチームの被験者にはネガティブメッセージを数分ごとに見せて、Bチームの被験者にはポジティブメッセージを数分ごとに見せる実験を行いました。

結果Aチームはコルチゾールが上昇し、Bチームはコルチゾールが減少したそうです。（ストレスを感じるとコルチゾールホルモンが分泌される）

つまり触れる言葉や使う言葉によってストレス量は変化したという科学的な実験結果がでています。

「出来事」と「感情」と「言葉」はセットになっています。起こった出来事に対して感情の捉え方をポジティブにするだけで、記憶そのものを良い記憶に変えていくことができます。

その蓄積された記憶こそが、今の自分の在り方になるのです。

## 行動を叱り、存在を褒める

成功者は褒め上手だったと聞いたことがあるでしょう。私の祖父も、その内の一人でした。それは、サラリーマンの父と経営者の祖父を見比べて体感的に学習しました。

例えばですが、何か新しい物事にチャレンジしようとする時、祖父はいつも積極的に応援してくれました。

「あんたがやりたきゃ、やればえぇ！　恐れるな」

この言葉に私は大変勇気付けられたものです。

一方、父も家族ですから同じように相談をすると、常に否定的で出鼻をくじかれる経験が何度もありました。これは他人のせいにしてはならないのですが、やはり私にとって父親の影響は大きく、自分自身も気が付かないで、どうせ言っても反対されると思い新たなことにチャレンジしようという発想すら奪われていきました。

また、人の褒め方も両者に違いがありました。例えば父が私を褒めるときは、テストで良い点を取ったという結果を褒めました。

一方、祖父が私を褒める時は、テストの点が何点であろうと私の人柄を褒めました。

これは人を育てるという点で見たとき、後に与える影響は大きくなります。

人を褒める時と叱る時はそれぞれにポイントがあります。相手の意識をどこに向けさせるかが重要なのです。ポジティブな行動をして、ただ「良いことしたね」とか「ラッキーだったね」と、行動や運に結びつけて褒めるよりも、「さすが〇〇さんだね！」「やっぱり〇〇さん、さすがだね！」と存在に結びつけて褒めた方が、その人の潜在意識に届

き良い影響を与えます。
逆に失敗などネガティブな行動をした場合は「何をやっているんだ！」「そんなこともできないのか！」と人格に結びつけて叱る人が多いのですが、それはまったく逆で、
「やり方がまずかった。次はこうしてみよう」「時期が悪かった、また別の機会に試してみよう」と行動や環境に結びつけて叱った方が、行動を円滑に修正してくれます。
人を褒める時は、行動だけを褒めるのではなく、その人の存在を絡めて褒めた方がはるかに良い影響を人に与えるのです。

## とにかく最初に発言せよ

子供でも大人でもリーダーになる人はある

共通点があります。

「とにかく最初に発言する」ことです。

リーダーになりやすい人というのは、成績が優秀な人ではなく最初に発言する人なのです。言い出しっぺがリーダーになりやすいというのは、子供のころから変わりません。

人は自信たっぷりな人を積極的に信頼し従おうとします。その人の能力に関係なく、自信たっぷりという所がポイントなのです。

そうは言っても、成功したから自信が付くのであって、成功しなかった自分には関係ないと思っている人がいるかもしれません。ですが全く逆なのです。成功するまで自信が付かないのだとしたら、その人はいつまでたっても成功することは不可能なのです。

祖父は自分を信じていたからこそ成功できたともいえます。祖父は生前、最近の日本人は自信のない奴が多すぎると言っていましたが、これは、親の影響や学校教育などにも原因があり、言われたことを正確に行う丸暗記法によるものです。

実はこの丸暗記法の教育は、自分の中の自己肯定感を下げてしまうのです。自信とは自己肯定感が上がらないと育たないのです。

自己肯定感の高い人は、自ら行動し積極的に発言できる人間になるのです。自分の可能性は他人に左右されるものではありません。

自分の可能性を伸ばすのも殺すもの自分次第なのです。

## 義理人情7割・理論3割

成功者が付き合う人間を決める基準となるのは、「仕事ができるか」「この人といて自分の得になるか」という理の部分ではありません。もちろん、普通の人より「仕事ができる」「役に立つ人」という大前提はありますが、祖父にとっての最重要事項は「一緒にいて心地いいか」という感覚的な人情の部分でした。

雰囲気や価値観が自分と似ているか、共通の志を持っているかということを、何より大切にしていました。

そのため、「AさんよりBさんのほうが専

門的な知識を持っている」という事実があっても、「AさんのほうがBさんより気が合う」と感じれば、迷うことなくAさんをビジネスパートナーに選びます。

一度この人だと信頼した相手には、どんなに失敗しても即切り捨てるという発想はなかったようです。

こう言うと、義理人情に厚いのだなと思いますが、祖父の人間関係に対する感覚は意外にもドライでした。

「一度付き合ったら一生付き合う」と決めているからこそ、初対面で「この人との関係は一生ものか」をチェックしているのです。

そしてこれは、祖父の見解ですが、「情」と「理」のバランスが何より重要だと説いておりました。その割合は義理・人情が7割、理論が3割だと。

陸軍時代、将校として部下から信頼されるためには、「情」が大きなウエートを占めていると学びました。この「情」という部分を理解する為には、何と言っても自らが新人として組織に入り、下積みの経験をしなければ理解できないと。

部下とともに同じ苦楽を共に経験する「戦友」だからこそ「情」が理解できるのです。

祖父が感覚的な部分を重視したのは、価値観が同じなら少しの説明で考えを理解してもらうことができるし、大筋さえ合意すればあとは任せても安心できるからです。そうすることで感情的な対立や、コミュニケーション不足で割かれてしまう無駄な時間を節約できるので、実は理にかなった取捨選択法だと思います。

## 「今からでも遅くない」を口癖に

人は誰でも人生の中で転機を迎えます。それは良い転機のときもあるし、悪い方向に動く場合もあります。悪い転機だった場合、そこでどう対処するかはその人次第。そのまま行き詰まったままにするか、方向転換をするかを選ぶのは自分自身です。

でも、もしかしたら「今から始めるには遅すぎる」と感じている人もいるかもしれません。しかし、何かを始めることに遅すぎるということはありません。

年齢に関係なく何歳からでもできることなのです。

私の祖父も「何かを新しく始めるちゅーに、遅すぎるなんてことはない。あんたの思ったように、してみりゃええ！」とよく言っておりました。

そもそも、私たちの誰一人として自分がいつまで生きるか知らないのだから、遅すぎるということは、言えないはずです。その証拠に、ロバート・ウッドたちの実験というのがあります。ロバート・ウッドの実験はＭＢＡの人を対象にグループを２つに分けました。

Ａチームの被験者は

「マネジメント能力は、ある人はあるし、ない人はない」と考えている人たち。

Ｂチームの被験者は

「マネジメント能力は、いつでも誰でも伸ばすことができる」と考えている人たち。

彼らに経営シミュレーションの課題を与えると、時間が経つにつれてＢチームの方が成績がよくなっていき、また、意思決定をする時、両チームに特徴がみられたのです。

Aチームは自分と相手はどちらが優れているか気にし、人と比べる傾向があり、またアイディアを出しても叩かれることを恐れていました。

Bチームは率直に自分の意見を言い合い、ためらうことなく反対もしたのです。

この結果から、つまり「成長できる」というマインドを持っていると、チームメンバー全体が考える力を持つようになっていくということが証明されました。

「自分は成長できる」と信じれば「周囲も成長できる」と信じられます。すると経験や年齢を問わず、偏見を持たず、広く意見を集めることができます。一人一人が「今からでも遅くない」を口癖にするくらいのマインドを持っていれば、結果的に全員で伸びていくことができるのです。

## 初対面だからこそ全力投球で

社会人になると、仕事での付き合いや交流が多くなると思います。交流が多くなる、これは人脈つくりに繋がります。ゼロから会社を作り上げた祖父も、何かと異業種との交流が多くなり、ある時こんなことを言っていたのを覚えています。

「初対面で人と会う時は第一印象が全てを決める。例えば全く同じ能力のAさんとBさんがいて、Aさんは頭がいい、けれど頑固者だ、と紹介され、Bさんは頑固だけど、頭がいい、と紹介されれば、結果的に能力が一緒であれAさんの方が圧倒的に良い印象をいだかれる」

つまり、先に提示された情報は、後で提示された情報を上書きするほど強い意味を持つ。人間、誰しもが長所もあり短所もありますが、馬鹿正直に短所の部分を先にアピールしてしまうと、本当に持っている長所の部分も打ち消してしまう程のレッテルを貼られてしまう。

逆に長所を先にアピールすれば、後から出てくる短所の部分には人は寛容になりやすい。

第一印象は記憶に残りやすく、また印象を決めやすいものです。

初めて顔を合わせた人とは、話の内容よりも、その場での「お互いの印象」が大事です。その最初の印象というのは色濃く残り、後に第一印象と異なる振る舞いをしても、ひとたび刻まれた印象は変えにくいのです。

初対面での印象は、それほど強烈に印象に残るので、忙しく疲れているなどの理由で適当に対応してしまっては非常にもったいないのです。

人間は無意識のうちに相手をタグづけし、脳が情報を整理しようとします。最初に見せられた情報は、たとえ些細なことでも強い印象を相手に与えてしまいます。

過去を振り返る時、「良かったこと」から人は思い出そうとします。「良かった」と相手に印象をもってもらえば、それだけ相手の記憶に残るのです。ですから、自分の長所や一番強調したいことは最初にもってくるのが鉄則なのです。

## 情報を五感で積み上げろ

私たちは日常生活や仕事において、五感から外部情報を入手します。

その五感から情報をつかむ割合は、目（視覚）は83％、耳（聴覚）11％、皮膚（触覚）3％、舌（味覚）2％、鼻（味覚）1％と言われており、目（視覚）からの情報把握が大半を占めています。

人が成長するにあたって、もっとも重要な要素は「氣付き」です。「氣付き」から「考動」になります。まず、視覚から飛び込んでくる情報がきっかけとなって、心の中に「氣付き」が生まれ、見える前とは異なる「思考」や「対話」、そして「行動」が生み出されます。

祖父の会社は、昭和59年多機能新素材「αゲル」という衝撃吸収材を開発し世に送りました。この新素材は高さ18メートルから生卵を落としても割れない驚異の衝撃吸収材として新聞にも紹介され、現在では日本国内だけではなく海外に、そして宇宙開発の先端技術にも応用され使われています。

この商品を世に送り出せたのは、人間の持つ五感をフルに活用したからです。

きっかけは当時、新しい衝撃吸収材の開発に取り組み、その激務のために疲れていた開発者の頭に、溶けた熱さまし用の冷却まくらが当たったことでした。それをヒントに、身の回りにあるゲル状のものを手当たりしだい集め、一つひとつの分子構造を解析し、試行錯誤を重ねることでやっと製品として完成したのです。

こうした何気ない日常の中からヒントを見付けることができたのも、開発者が常に問題意識を五感で蓄積し持ち込み続けていたからこそなのです。根本は毎日の地道な努力の積み重ねであり、日常の中でも常に問題意識をもつ訓練と、そのような姿勢を大事にする環境が成功への道に繋がりました。

これからの時代は受身ではなく、自らが進んで考えて行動することにより「氣付き」から「考動」へと変化することが求められます。日常生活の中でも常にアンテナを張り巡らし、自らの目標にむかって必要な情報を五感で積み上げていけば必ず成功への道は

開けるのです。

## 神社参りをする

成功した人が神社へよく行っていたという話は、耳にした人も多いのではないでしょうか。

神社参りをするだけで成功が約束される訳ではないですが、日本人であれば人生で一度は神頼みをした経験があるでしょう。

経営者では、経営の神様と言われる松下幸之助さんが熱心に神社へ参拝されていた話は有名ですね。祖父も欠かさず神社へは参拝をしていました。

ここでは詳しい参拝方法や、霊的な話は書きませんが、成功した人が何故、欠かさず神社参りをするのか？　そのマインドについて話します。

私は祖父に言われて、ある実験をしたことがあります。それは、バスケットゴールのシュートの確率についてです。初めは、何も考えずただひたすら無心でゴールにシュートをします。次に、第3者に「失敗する」と念じてもらいシュートをします。最後に、第3者に「必ず入って成功する」と念じてもらい、握手をした後でシュートをします。

結果、最後に「成功する」と念じてもらった方が明らかに成功率があがったのです。これは「成功する」という考えを信じると、意識的にその裏付けを探そうとする性質があるのです。

人は誰でも「できない」根拠を探し、まだやったことがない物事について、できなかった時の保険をかけたがるものです。この「できない」という思い込みは、今までの人生のつじつまを合わせるために形成されたものでもあるのです。

自分を変える為には「念じる」という行為が意外にも効果的なのです。自分は「できる」と脳を錯覚させるのです。自分なら「できるはずだ」と勝手に思い込んでいると、脳は面白いもので、「できる」発言を勝手に頭の中で繰り返し、その「できる」という思い込みが根拠になります。結果がでなかったとしても、できるまで、つじつまを合わせようとするのです。

諦めない強い精神力は、「できる」という思い込みを何度も反復することなのです。

神社参りをする「行為」とは「できる」という反復練習をすることと同じことになり、「結果」に結びつくのです。言わば成功するための必勝パターンを神社参りという形で作り上げていっているのです。

# 第4章

# おじいちゃんから教わったお金を増やす3つのマインド

おじいちゃんの豊かな経験から、この章では、お金、マインドに焦点を絞り、危機の時代を生き抜く方法を述べていきます。

## 1　全ての土台はまず素直になることから

「素直になる」とは、どういうことなのでしょうか。

素直さという言葉は一見簡単そうに見えますが、実はなかなか身に付けられるものではありません。

人から何かを言われたときに、本当は分かっていないのに、「分かりました」と答える人がいます。

そういう人は、いつも「分かりました」と言うので、素直で良い人だと評価されることもあるでしょう。

しかし、そういう人の多くは常に自分の軸ではなく、他人の軸に合わせて生きています。

その大きな問題は、彼らはそれによって他人の軸に合わせるイエスマンであり続け、他人だけではなく、自分自身でさえも、自分は素直な人間であると勘違いしてしまうことです。

処世術としてはイエスマンでいることも悪くはないのかもしれません。

しかし、もしあなたが物事を理解していないのに、「分かりました」と言う癖が付いてしまっているのであれば、気を付けてください。それは、ただ問題を先送りしているだけであり、物事と正面から向き合えない逃げの思考、思考の癖だからです。

自分の悪い癖に自ら気付くことができないという点は重要で、それは「他人軸を優先する他者マインド」にハマっている証拠です。そうなってしまう理由は、幼少期に親や学校の先生の言うことを何も疑いもなく、その通りに従うことが、「素直」であると教えられてきたからです。

私たちは日々、学校や企業でイエスマンであることを求められています。

なぜなら、そのような人間は雇用する側（力の持ってる側）が管理しやすいから。もちろん、これは学校側や企業側にも問題があります。常に企業は優秀な人材を求めますが、本当の優秀な人材とは、自分の頭で考えられる「成功マインド」を持っている人たちなのです。

例えば、アップルを創業した天才、スティーブ・ジョブズに「素直になれ（イエスマンであれ）」と言ったところで、彼が素直に従うイメージが湧きますでしょうか？（笑）ジョブズのような優秀な人にイエスマンという「他者依存マインド」を強要し、同時に「自分で思考する成功マインドであれ」というのは相反しており、そこには確固たる矛盾が存在しています。

つまり、この場合で言う「素直さ」というのは、他人の思考を優先し、自分の本心に嘘を付いていること。実は、素直だとされる人達の多くは、このように本来の素直さとは正反対である、本来の素直さに抗う頑固な人間が多いのです。

イエスマンというのは、人からの承認を得ることで自分を満たそうとする生き方です。他人からの承認を得たいが為に、自分の本心に嘘をついて相手に合わせます。それによって自己の信頼や自己愛が欠如し、その穴を埋める為にさらに人からの承認を欲し、自分にまた嘘をつき……といった悪循環が生まれます。

一方、「成功マインド」の生き方はその逆です。自分で物事を考え、自分の感情、行動、発言が一致しており、自分と他者との共通点を積み上げていくことで、「自分らしく生きる」。それを繰り返す、正の循環の中で生きることです。

## 本当の意味での「素直さ」というのは？

1.「今の自分」を受け入れられる能力
2.「他人の意見」を受け入れられる能力
3.「環境や変化」を受け入れられる能力

この3つの能力を兼ね備えた人は、成長することができます。

多くの人は2つ目の「他人の意見」を受け入れる能力を素直だと勘違いをしていますが、素直の本質を知るためのステップとして、まずは「今の自分」を受け入れること。

この自己認知・自己受容が非常に大切です。

自分自身を冷静に、素直に見つめるのはつらいことでもあります。そして実際の自分と、そのような自分を否定している自分の差が開けば開くほど、普段の生活に様々な問題が表れてくるのです。例えば、お金の使い方が荒かったり、異性関係の問題が多かったり……。

素直になれないということは、今現実として向き合うべき問題があるのに、その問題の本質を見抜くことができず、いつになっても解決ができないということに繋がっていきます。

以前、妻の浪費癖が直らないと相談を受けたことがあります。

ここでの問題は、「なぜ妻が浪費してしまうのか？」。その根本的な原因に着目することです。

「まずは家計簿をつけて、支出と収入のバランスシートを作りましょう」、「毎月○円ずつ貯金をしていきましょう！」、「予め貯金する分は口座を分けて、貯金や投資に回そう、または財形貯蓄制度を使って資産を形成していきましょう！」といったテクニックを教えることもできますが、それは小手先の対策でしかありません。

人間の体で例えると、タバコを吸って肺にダメージがあるにも関わらず、医者に咳がでるから咳止めの薬を欲しいと言っているようなもので、「タバコをやめる」という根治をしなければ、表面上に現れる問題をいくら取り除いたところで、本当の解決には至りません。

妻の浪費癖は何が原因で、なぜその行動に移るに至ったのか、色々な角度から質問して分析しなくてはなりません。

ご主人との関係が寂しいからなのか、幼少期の頃のトラウマなのか、もしくは仕事のストレスによるものなのか。このように多角的に質問を投げかけると、それまで本人も気付かなかった本当の原因を探ることができます。

実際の自分に冷静に「素直」に向き合うことが必要なのです。

## 成長を諦めた人間は素直になれない

成長とは、変化することです。あなたは成長したいと思っていますか?

成長する為には、仕事の成果や人間関係を変えなくてはなりません。

「自分の変革」が必要なのです。

しかし、慣れ親しんだやり方や考え方を変えてく過程には、苦痛が伴います。成長のプロセスは居心地が悪く、嫌な気持ちになるものです。変わりたい自分と、変わりたくない自分が常に葛藤しているのです。多くの人々が「変わりたい」「成長したい」と言いながらも毎日同じことを繰り返し、実質的な成果を手にしていません。冒険や危険なことはしたくないと考え、「楽をしながら、成長したい」と思っているのです。

「素直さ」は、成長するために大切な要素です。本質を見極めた「素直さ」とは、自分の利害や感情、知識、先入観に振り回されず、物事をありのままで見ようとする心であり、その心は全ての物事や出来事から学ぼうとする意欲、姿勢です。

本当の意味での「素直さ」を身に付ける為に、視点をかえて必要な要素を並べます。

1．自分を客観視できる
・見る自分
・見られる自分

・なりたい自分

2．心に豊かさがある

以上をふまえて。「素直さ」についてさらに考えてみます。

1つ目は「見る自分」。まず、自分を俯瞰して見ている、もう一人の自分を想像してみてください。「あなたには自分自身をどんな人間に見ていますか？」

謙虚さは大切ですが、必要以上に自分を小さく見たり、厳しすぎたりしませんか？

ここでは、あるがままの自分を認めることが大切です。あらゆる対人関係は、他の誰とでもない自分自身との関係から始まるのです。

2つ目は「見られる自分」です。

人の目や周りの評価が自分の人生の拠り所になってしまうと、自分を見失ってしまいます。他者から見られる自分を意識し、周りとの調和を大切にしながらも、自信を持って生きることが大切です。

3つ目は意外とできている人がいないのですが、「なりたい自分」のビジョンを持つことです。

「あなたは、どんな自分になりたいと望んでいますか?」

「成長したい」「自分を変えたい」と思っていても、具体的なイメージがないとうまくいきませんよね。自分の理想像が分からない人は、芸能人や好きな歌手でもよいです。自分が見て、すごいなぁ。あんな風に私もなれたらいいなぁと思う憧れの人をイメージしてみて下さい。10年後の自分はどうなっていたいですか? 5年後は? 3年後は? 1年後は? と逆算して考えていくと、なりたい自分がだんだんと明確になっていきます。

「見る自分」「見られる自分」「なりたい自分」といった切り口から、3つの「自分」を意識してみてください。そこから本当のあなたが見えてきます。

誰かになろうというのではなく、本当の自分自身を意識することが何よりも大事です。

## 心の豊かさはどんな時も揺るがない

本質的な素直さを手に入れるためには、心を豊かにすることも大切です。それは今持っている物の豊かさに比例したり、依存したりするものではありません。

人の豊かさは心の中にあります。

満足と感謝を知り、どんな時でも楽しむことができれば、豊かさを失うことはありません。心の豊かさが行動を明確にし、そしてより良い選択をし、大きな成果を生み出すのです。

「心を豊かにする」為に、次のことを意識してください。

1. 人の意見を聴く・訊く
2. 今までやったことがないことを、あえてやってみる
3. 自己責任を徹底する
4. 感謝に生きる

日本語の「きく」には3つの「きく」があります。

「聞く」……ただ耳で聞くこと。理解しなくても聞くことはできます。

「聴く」……注意深く相手の心の声を聴くこと。しっかり理解し共感することです。

「訊く」……質問すること。相手に関心がないと適切な質問はできません。

日々の対人関係で、あなたは何の為に誰の為に聴いたり、訊いたりしていますか？

「聞く」が「聴く」に変われば、対人関係が変わります、さらに「訊く」に変われば手にする成果や人生が変わっていくのです。


2つ目のポイントは、「今までにやったことがないことを、あえてやってみる」です。

人は誰しも成長の過程で2つの恐怖に悩みます。

「失敗」と「拒絶」です。

人が失敗を恐れるのは、親や学校で新しいチャレンジをするたびに叱られた思い出があるからです。チャレンジして手を挙げて失敗したら怒られる。クラスのみんなに笑われる。

その経験の結果、私たちは「何をやってもうまくできない」と思い込んでしまっています。それ以来、新しいチャレンジに出会うたびに諦め、失敗に対する恐怖にとらわれるのです。幼少期のころに、さんざん叱られ否定された結果、自分を卑下し、挑戦する前から諦める癖がついてしまったのです。

私たちは、目標を達成しようとせず、すぐに自分ができない理由を考えて言い訳をする人生を無意識に選択してしまっています。

子どもは自発的に行動するよりも親に認めてもらおうと行動します。そして拒絶に対する恐怖の原因の多くは、その幼少期に親に認められなかったことが原因で、この経験は心に大きな傷を残します。すなわち拒絶の経験です。

この２つの恐怖が、その後の人生に大きな影響を及ぼしているのです。実際に大人になった私たちの行動のほとんどは、失敗と恐怖を避けていますよね。変化やチャンスより安定を求めたがるのです。

多くの人は安定を求めますが、その一方で、究極的な意味での安定というものはこの世には存在しません。

私たちは常に変化に晒されて生きています。

産業革命の時代にいかに産業化を否定しようとも、ＩＴ革命の時にパソコンを否定しようとも、否定すること自体は個人の勝手ではありますが、進み続ける時代と人々はそんなあなたを待ってはくれません。

もしあなたが飛行機の存在を認めようとしなくとも、人間は実際に飛行機にのって世界中を飛びまわるようになりましたし、ＩＴ革命が起きて、いかにパソコンの存在を認めようとしなくとも、世界中がインターネットで繋がり情報交換や経済活動を行っているのです。

大企業に勤めていれば終身雇用で一生安泰という時代は、残念ながら終わりました。安全神話と言われていた日本の高速道路も阪神大震災で倒壊し、原発も東日本大震災で崩れ、一昔前までは一生安泰と言われるような大企業も倒産。変化し続けるこの時代に、そんなニュースに驚いている人がいること自体、私にとっては驚きなのです。

皮肉なことですが、私の父はサラリーマンで、祖父は経営者でした。

２人は考え方や行動が正反対でした。

例えて言えば、「金持ちじいちゃん貧乏父さん」といった所でしょうか（笑）

勉強が必要な人ほど勉強する人を批判したがりますし、お金を必要とする人ほどお金持ちを批判します。何故でしょうか？　それは、自分が避けていることを直視したくないからです。年齢は関係ありません。直視しない人は70歳80歳になっても直視せず、現世の人生で直視するのを諦めてしまっています。（来世で頑張ってもらいたいものです）

心を豊かにするために必要な3つ目のポイントは、「自己責任を徹底する」です。

人生は、「被害者」として生きるか「責任」を持って生きるかで、大きく変わります。

この場合の「被害者」とは、「誰かのせいで上手くできない」「状況のせいで上手くいかない」……このような考え方をする人のことを指します。

世の中のほとんどの人が、無意識に被害者であることを選択して生きています。

しかし、成功する為には自分が主体となり、「責任」を持つ生き方をしないといけません。

確かに他者の思考に依存した「被害者」を演じると、周りから注目され、関心を得ることができます。時には同情され、周りの人たちと繋がっている安心感＝所属の欲求を満たすこともできるでしょう。

それは自分を正当化し、自己イメージやプライドを守ることもできます。もっと言えば、「被害者」の立場でいることを利用して、相手を責めて操作したり、脅してコントロールしたりという、力の欲求も満たされるのです。

しかし、被害者では決して得られないものがあります。それが「学習」です。

物事の因果を見ようとせずに、人や周りのせいにしている被害者が、学び成長することなど、まずありえません。これは私の経験から、断言できます。成長のない所に成功はあり得ないのです。

一方、責任を持って生きる人は常に物事の本質を見極めています。たとえ何か問題が起こっても、自らを振り返り、その学びを次に活かして成長しつづけるのです。

最後に大切なのは「感謝に生きる」です。

あなたは身の回りの人たちに、どれだけ感謝をしているでしょうか。

周りの人に対して「できて当たり前」「してもらって当然」という色眼鏡をかけて、接している人がいます。そのような人は日々の感謝に気が付かないので、感謝の言葉は出てきません。些細なことでも「ありがたい」と感じられる人と、「それが当然」と思う人。この差が人生にもたらす違いは大きいです。

あなたは誰かに何かをした時、「これだけやったのだから、感謝してもらって当然」と考えたことがあるでしょうか？　しかし、その前にあなたが相手に感謝をしたか、一度考えてみてください。

みなさんは、「食卓縁起」「時間縁起」という言葉をご存じですか？

「食卓縁起」とは、目の前の食事のご縁に感謝するという意味。例えば、一匹の魚を食べるのに、どのくらいの人が関わっているか考えたことはありますか？　一匹の魚を食べるのに、どれほど多くの人々の愛のリレーがあるか、想像したことはありますか？

例えば、魚を釣りに行く漁師は、非常に危険な海上で仕事をしています。この漁師がいなければ、私たちは魚一匹食べることができません。

また魚を釣る為の道具は誰が作っているのでしょうか？　道具を作った人の努力がなければ、漁師も魚を釣ることができません。

釣った魚をあなたの元へ届ける為に必要な輸送業者のトラックの燃料、タイヤ、その部品一つひとつに至るまで、全て人の手が関わっています。

魚が運ばれた先の市場でセリにかけられ、魚屋やスーパー、レストランなどに運ばれます。さらに魚を美味しく食べる為に料理人が手間をかけて調理し、それで初めて私たちは魚を食べることができるのです。

一度、魚視点で監視カメラを取り付けて、私たちの食卓に運ばれるまでにどのくらいの人々のご縁があるのかを見る実験をしてみる、というのも面白いかもしれません。

このように魚を一匹食べるまでの過程で、燃料から部品一つひとつまで関わった人を調べると3万人とも言われています。もし、あなたが自力で（車から燃料から道具から自作する）魚を釣りにいこうとするなら、どのくらいの費用がかかるのでしょう。

魚一匹を食べるにしても、これだけ多くの人とのご縁で繋がっているということ。こういった人々の手が加わる愛のリレーを「食卓縁起」と呼んでいます。

「時間縁起」とは私たちが今、存在している奇跡です。

私たちがこうして存在するのは、両親のおかげです。さらに両親にも親がいて、命は代々と続いています。

人は1人では生きていけません。

自分が生きていくために、どれだけ愛のリレーがあったのか、それを知って感謝できている人は少ないものです。これは生きる上での本質です。

人と人はご縁で繋がっている、その繋がりのことを「時間縁起」と呼びます。

代々のご先祖様に感謝するのも、「存在する」という当たり前のことに感謝することなのです。人間の繋がりや自然の恩恵など、あらゆる事象が結びつき、相互に助け合うことを「縁起」といいます。これは祖父から教わったことであり、昔の人たちは当たり前のように知っていたことです。

縁起とは一即一切、つまり一つの存在が全ての存在と愛で繋がっていることを体感することです。日本語には「お陰様」「お互い様」という言葉がありますが、何気なく使っているこのような言葉を通じて、実は知らず知らずのうちに私たちは学んでいるのです。

「感謝」という言葉。それをどこまで深く自分自身の心に落とし込めるか？

それができる能力を持っていることは、人格を持った成功者たちの共通点でもあります。

マインド　その1（まとめ）
全ての土台は素直になること、その素直さがあなたの成長を加速させます

# 2 お金の本質を理解する

## 1. お金には『交換機能』がある

あなたにとって、お金とは何ですか?

私たちは普段、空気を吸うようにお金を使っていますが、お金について深く考えたことがありますか?

お金というものは、太古の昔からあったのでしょうか。そう、昔はなかったのです。かつて私たちは生活に必要なほとんどの物を、自分たちの手で作り出さなければなりませんでした。すべてを作るという作業は効率が悪くとても大変だった為、人間はすぐでにある物と物を交換する物々交換という手段を考えました。

しかし、これには欠点がありました。

物々交換では食べ物などを交換する場合、時間が経つと腐ってしまい、交換ができなくなってしまうのです。物々交換は常にお互いの要求するものがピッタリと合致しないとスムーズにできないのです。

そこで、この不便さを解消する為に『お金』というツールが生まれました。

日本ではほじめ、タカラ貝をお金として使う『貝殻貨幣』で取引が行われていました。ヨーロッパでは塩（サラリウム）で取引を行っており、これはサラリーマンの語源でもあります。このような塩や米など商品で取引することを『商品貨幣』と言います。

これが、お金が誕生した歴史です。『お金』という概念（イメージ）を掴めましたか？

かつては貝や塩がお金の代わりでしたが、現在は日本銀行券となり、未来では仮想通貨かもしれませんね。

このように歴史から分かることは、『物理的なお金そのものは、時代とともに移り変わる』ということです。しかし形が変わっても、長い歴史の中で一貫しているのは、『お金＝価値』（お金は価値が化体している）という概念です。お金を支払うとは『価値と価値の交換』なのです。

例えば、何かを手伝って相手から缶コーヒーをおごってもらえた。それも1つの価値の交換です。

ここで、手伝ってもらったという、労働力の対価を缶コーヒーと交換する、という表現ではなく、あえてこの場合の缶コーヒーを感謝と言い換えます。労働力の対価というのは、突き詰めていうと、感謝である、というのが私の考え方です。

１２０円の現金を渡すこともできたでしょうが、それでは子供のお小遣いのようで相手に失礼だと思い、缶コーヒーを選択したのかもしれません。

もしあなたが誰かに手伝ってもらった時、手元にお金がなかったとしても、「ありがとう」という言葉で返す、それでよいのです。それも、価値の交換です。人からしてもらったことの価値が上がれば上がるほど、「ありがとう」から「缶コーヒー」になり、「缶コーヒー」から「ランチ」になり、さらに「ランチ」から「ディナー」に。そして、さらにそれらを上回った時に、お金になるのです。

お金とは交換手段ということをこえて、『価値と価値』の交換。価値とは『感謝』であるならば、我々の消費活動・経済活動は『感謝と感謝』の交換と言い換えることができるのです。

たまにお店などで見かけるのですが、客は神様で偉いという高飛車な考えによって、店員に横柄な態度をとる方を見かけます。特に年配の方が多いような気がします。前述した法則で考えてみると、その人は感謝の対価であるお金から嫌われてしまいます。

お金は『感謝のエネルギー』とも呼ぶことができます。

お金はひとつのエネルギーであり、力なのです。お互いの感謝と感謝のエネルギーを交換をすることで、双方に発生する経済活動も「ありがとう」という感謝の想いで繋がっている。これが、本来のお金の仕組みだと私は考えます。

私たちは人である以上、取引する相手とは常に対等な立場です。

あなたが客だろうと、どんな身分の立場の人だろうと関係ありません。客と店員の関係にどちらの立場が偉いとか、偉くないとかは関係ないのです。相手が『お金＝感謝の対価』の法則に見合わないと思えば、誰にでも取引を断る権利があります。

そもそも感謝と感謝の交換をするのに、どちらか一方だけの感謝が偉いとは言えませんよね。それは感謝ではなく、ただの傲慢です。

皆さんもお金と感謝に纏わる経験をしたことがあるのではないでしょうか。その経験を思い返すと、「ありがとう」の言葉から「ディナー」に変わっていく過程がイメージしやすいかと思います。簡単にイメージできる人は、お金を引き寄せる才能があります。

店員にいつも言いがかりをつける客と、いつも笑顔で「ありがとう。美味しかったよ」と言ってくれる客。どちらがお金持ちそうに見えますか？

私が店員だったら、後者にはついご飯を大盛りにしたり、おまけをつけたりしたい気持ちになるのですが、皆さんはどうでしょうか？

## 2．お金には『増殖機能』がある

お金は現在の資本主義経済のシステムでは、増えていく性質があります。それは、お金がお金を生み出す仕組みができているからです。

お金を稼ぐ方法は、何も自分の労働力だけに頼る必要はありません。お金を使って、お金に働いてもらう。その代表的な例をいくつか挙げると

・銀行に預ける（定期金利　利子）
・国債を買う（国債利回り）
・土地を買う（土地の収益率）
・株式を買う（株式売却の収益率・配当利回り）

皆さんもお金はタンスの中でずっと眠らせておくよりも、このような方法を使うことで、お金がどんどん増えていくということはご存じでしょう。このお金の増殖機能を賢く利用すれば、もともとは少額でも、レバレッジをかけることにより、倍々ゲームのようにお金は増えていきます。

億万長者と言われているような金持ち達は、この原理によってお金を増やすことに成功していったのです。

## 3．お金には『蓄積機能』がある

『お金』という便利なツールは、交換機能だけでなく蓄積機能もあります。

かつて人々は物々交換をしながら、生活をしていました。しかし肉や魚、野菜といった食べ物は長期間保存することができません。腐って価値がなくなるまえに早く交換しないといけなかったのです。そこで生まれた『お金』という発明が、その後の人々の生活様式をガラリと変えました。

お金は交換だけでなく、貯めることができるという事実です。この機能のおかげで、私たちは安心してお金を貯めることができます。

例えば、お金がクーポン券のように期限付きの通貨であったなら、長期的にお金を貯めようとは思わないでしょう。この『蓄積』の機能、一見、簡単そうで実は理解していない人が多いのです。

## 4．お金には『流通促進機能』がある

前の項目で、『お金』とは『交換機能』があるとさらりと書きましたが、そもそもなぜ人々は、安心してお金と物を交換できるのでしょうか？

そうです。お金には誰からの目から見ても同じ、『信用』があるからです。

お金の一番のメリットは、『初対面の人でも価値の交換ができる』ということです。その人がヤクザであろうが、殺人者や変態であろうが、その人の人間性とは関係なく、お金の信用（担保）をもって交換ができます。お金のメリットは他人への不信感が蔓延する世界だからこそ存在価値が生まれるのです

『信用』は、流通を促進します。

この世の中は『信用』がキーワードです。逆説的な言い方をすると、『嘘があるうちは、お金があった方がいい』ということです。もしこの世に嘘が存在せず、騙し合いのできない世界だったとしたら、人々はお金という物理的なツールがなくても、お互いの信用だけで取引ができます。嘘も騙し合いもない世界なら、実はお金というものは必要ない

のです。お金が、『信用』を担保しているのです。

## 5. お金には『エネルギー』がある

お金にはエネルギーがあると聞いたことがある人もいるのではないでしょうか？　このエネルギーという言葉を、どうやって解釈するのか？　ここが、かなり重要なポイントであると思います。

ここで言うエネルギーとは、私たちが学校で習った物理学的なエネルギーと少し違います。

我々が普段使っているお金とはエネルギーを具現化（物質化）したものなのです

突然こんなことを言われても戸惑うと思いますが、まずエネルギーという言葉を正確に捉えましょう。

ここで言うエネルギーとは思考のことを指します。思考とは、思いや考えを巡らせる行動であり、イメージを思い描くことです。

『思考は現実化する』の著書で有名なナポレオン・ヒルも

「思考は1つの実体、しかもその思考内容そのものを現実化しようとする衝動を秘めている実体と言ってもよい、それは強力なエネルギーを持っている」と述べています。

ナポレオン・ヒルの言葉を端的に言えば、「思考はエネルギーという名前で具体化する」ということです。

そして、そのエネルギーは、どのような性質を持っているかと言うと

・思考エネルギー、想い、イメージが物質に影響している
・物質とエネルギーは等価で交換できる
・エネルギーと物質の質量は比例する
・エネルギーが高いほど、具現化される
・エネルギー量とは世の中に与える影響力のことである
・イメージできないものは現実化できない

これらを踏まえて、お金は思考したエネルギーが物質化したものだとイメージできたでしょうか?

『交換』と『貯蓄』。これはお金そのものをエネルギーとして考えたときに、これらは同じ単位であり、お金の仕組みに見られる極めて特徴的な側面です。

お金は、エネルギーです。お金を使うことはエネルギーを交換することなのです。

次は、エネルギーが物質化したお金の原型について説明しましょう。

お札は、中世ヨーロッパの時代に商人達が自分の金（ゴールド）を金細工師や両替商に預けた時の預り証です。

当時、商人同士の支払いは金貨で行われていました。しかし、決済の度に預り証を用いて金貨を引き出していては手間がかかるので、次第に金貨の預り証自体が金貨そのものと同様の価値を持つようになり、金貨の代替物としてお札が流通し始めたのです。

昔は金と兌換することもありましたが、今ではその過程すらなくなりました。


日本銀行が発行する不換紙幣は、金貨との兌換を保証しません。このような金貨の預かり証でも何でもない、国の信用だけに頼ったものであるにも関わらず、多くの人は、紙幣は永遠に使えるものかのように信じています。

日本人は宗教を信じていない人が多い一方、『お金』という宗教を無自覚に信仰している。言わば、お金という幻想に囚われているのです。

そろそろ、お金の本質が見えてきたのではないでしょうか？

お金とは信用というエネルギーで成り立っています。その信用エネルギーがなくなれば、お金としての価値はありません。

その信用エネルギーとは、日本で言えば日本政府と言えるでしょう。つまり、日本政府への信用がなくなれば、お金としての価値はなくなり、ただの紙になってしまうのです。

お金の仕組みをさらに深く分析すると、お金とは本来『価値の交換』の為に生まれたエネルギーだった・・・。

そのエネルギーとは他者の労働などへの感謝の対価であり、そのエネルギーが具現化して物質に変わった物。そのエネルギーとは、スピリチャル世界の言葉を借りると、『波動の高い状態のもの』と言うこともできます。

この波動とは、万物が持つそれぞれの振動であり、波形エネルギーのことを指します。気功でいう氣、西洋でいうオーラ、そしてヨガなどではチャクラと呼ばれているものです。

この『波動の高い状態のもの』は、古来万人の人々に価値があるものだと認められています。ですので、波動の高いとされる金は、その昔から希少価値も含めて通貨として採用されているのです。

それではさらに深く理解する為に、この本では、エネルギーとは『波動の高い状態のもの（人）』と捉えて下さい。

スピリチャルの側面から見ると、お金とは価値を担保するエネルギーです。

そして、昔は金をはじめとする波動の高い物ものを『価値』として担保していた。

お金は『価値の交換』の為のエネルギーであって、今のお金自体に物理的な価値はありません。極論を言うと皆さんが今持っているお金自体は、幻想なのです。

大昔の大金持ちは、金銀財宝を所有していることでした。それは実社会の価値としても、『波動の高さ』という点でも一致していました。ところが今現在、お金というものは波動も何も高くない、ただの紙切れです。私たちはただの紙切れに価値があると信じこまされているので、敏感な人であればあるほど、世の中の矛盾に違和感を持っていたでしょう。

『波動の高さ』という観点で価値を判断するならば、子供の頃に感じた小銭を持っている方が金持ちになった感覚になる。実はあれが正解だったのです。

ですが、大人になるにつれて、社会のルールを学び、生まれつき備わっていた物質的なエネルギーの感覚は社会が作った偽りのエネルギーに書き換えられてしまいました。その結果、本来の感覚に齟齬を感じるのです。普段お金を何気なく使っている分、この事実を知って考えれば考えるほど混乱してきたかと思います。言ってみれば、社会がお金という仕組みをあえて複雑化させているのです。

この複雑化しているお金のシステムにおいて、『お金の本当の価値は何なのか？』それを自分の力で分かりやすくシンプル化していく対策が必要です。

まず、自分の中に『基準通貨』を作りましょう。

自分の最高に好きなもので、なるべく単価の小さいもの。

その基準を作り、何かを買う時には必ず『基準通貨』のフィルターを通します。

例えば、映画1回分、マッサージ1回分、遊園地1回分とか、基準は何でも良いです。

もし買いたい物があった時、それが1万円だったとしましょう。それは、遊園地3回分の価値がありますか？　1万円のものを買うか、大好きな遊園地に3回行くか……。

あなたの人生をより豊かにするのは、どちらでしょうか？

さらに、5年後、10年後の自分の為にはどちらが良い選択なのでしょうか。

このように思考することでお金の価値が明確になり、自分の頭の中もとってもスッキリします。さらにこの方法によって、無駄使いやお金に対するモヤモヤが少なくなっていきます。

お金はエネルギーであり、信用でもあります。お金が回っている人と回っていない人、そこに収入や支出の額は全く関係ありません。お金は信用だと分かっていなければ、いくら持っている量を増やしたり、減らしたりしたところで、満足を得ることは永遠にできません。

つまり、『お金＝信用（エネルギー）の量』だと理解するだけで、お金が回る人になれるのです。

お金が回らないというのは、社会から信用されていないということとほぼ同じです。もしくは、信用できない所にお金を払っているのかもしれません。

ぜひ自分の『信用』と『お金』を結び付けて考えてみてください。あなたのお金に対する価値観に、変化が生まれてくるはずです。

## 6．お金には『感情の増幅機能』がある

さて、お金についての実態はつかめてきたでしょうか？

これまでの知識から、いよいよお金の本質に迫ってきたと思います。

お金はエネルギーだと書きましたが、そのエネルギーの中には感情も含まれます。感情はお金と繋がっているのです。

お金を理解する為には、今のお金に対する『感情』を正しく理解することが大切です。まず気を付けて欲しいのは、今現在、自分が感情的にお金に支配されてはいないか？という点です。

常日頃、口癖のように「お金がない」「お金がなくて将来が心配だ」と話している人は少なくありません。一方で、著者の知人のお金持ち達は皆、口を揃えて「お金は流れるもの」「お金は夢を叶えるもの」と言います。お金に対する不安ではなく、あふれる豊かさの中で生きているのです。

両者の違いはどこにあるのでしょうか？

それは、彼らが感情的にお金に支配されているかどうかです。言うまでもなく、前者

が感情に支配されている人、後者が支配されていない人です。

では、お金に支配されないようにする為にはどうしたら良いか？

それは簡単です。お金に対するあなたの気持ちを記録する習慣をつけるのです。日記や家計簿の記録欄などを使って、その日のお金に対する気持ちを言葉にしてみましょう。それが難しければ、『嬉しい』『楽しい』『怒り』『寂しい』『悲しい』と感情を分類して、色分けやシール分けをする方法もよいでしょう。

大切なのは、毎日自分のお金の動き振り返ること。この本を読んでいるこの瞬間にも、振り返ってみてください。お金のことでどのように心が動きましたか？

個人差はあれど、誰にでも必ず何かしらの感情の起伏があるはずです。

お金が感情で支配されてしまう原因は、すでに幼少期から始まっている感情の支配の刷り込みです。まずは『お金』という認識が芽生え始め、小学校に入る頃には「お金とは、なんだか大人が大切にしていて、大変そうなものだ」という感覚が漠然と生まれてきます。

幼少期に「うちは貧乏だから」「お金がない」を口癖のように言う家庭であれば、間違いなくお金に対する感情的な支配（洗脳）を受けるでしょう。

多くの場合、そのように子供がお金の価値観を学ぶ頃は、親も人として未成熟な時期です。

子育て世代の親たちは、まだ経済的にも社会の中で苦労をしています。そんな親を見て育つ子供は、親の価値観をそのまま引き継いでしまうのです。

もし、あなたがお金に苦労してばかりで、良い感情が一切持てないのであれば、残念ながら、お金を引き寄せることはできません。なぜなら、その感情を抱いた時点で「自分にはお金なんて必要ない」と宣言しているようなものだからです。

人が変わるには、『感情→行動→習慣→結果』というステップを踏みます。しかし、さらにその前のステップとして、『潜在意識→思考→言葉→イメージ』があります。

あなたが本当にお金から好かれたいのであれば、まずはこの最初の段階である潜在意識と感情を書き換えることが必要です。

〈変わる為の8つのステップ〉

**潜在意識→思考→言葉→イメージ→感情→行動→習慣→結果**

この8つの手順を踏むことが、お金をコントロールする第一歩です。

その為にも前述したように家計簿などで日々を記録し、お金に対する感情を正確に把握することが重要なのです。


お金と感情は結びついています。

あなたのお金に対するマイナスな感情を見つめ直して、お金の本質を理解しましょう。お金に対して楽しい思いをした経験、例えば「社会人になって初めての給料で親に贈り物をして喜ばれた」など、人を喜ばせた引き換えにお金が入ってくるという好循環を作り出すことができ、あらためて「お金とは感謝の対価だ」と実感します。

その為に日頃から感謝をする習慣を身につけましょう。感情が感謝をするという意識に切り替わった瞬間、すでにお金はあなたに引き寄せられているのです。

お金を持つと、人が変わったように横柄になってしまう人の話をよく聞きます。

このように豹変する人は、お金の魔力に取りつかれてしまったんだと考える人もいるようですが、お金は人を変えません。お金を持つことで、その人本来の姿が良くも悪くも引き出されてしまうのです。

これは、包丁を持ったから殺人を犯してしまったという理屈と等しく、良い人が持てば美味しい料理をつくる道具になりますが、悪い人が持てば人を殺してしまう道具になります。

お金に関しても同じです。全ては人が起こした問題であり、お金との付き合い方がその人の人格を表します。

お金は全ての本質や人格を表す分かりやすい道具なのです。

マインド　その2（まとめ）
お金の持つ性質を知っておこう。
お金には、交換機能・増殖機能・蓄積機能・流通促進機能・エネルギー・感情の増幅装置と6つの機能と役割がある。

# 3 お金に対する感情をコントロールする

皆さんは「お金に対する感情」について、考えたことがありますか？
お金を増やしたいと思っているのならば、このお金に対する感情を理解しなければなりません。

例えば、遊園地でジェットコースターに乗るとき、あなたはどんな感情を味わいたいですか？　例えば、お化け屋敷に行くとき、どんな感情を期待していますか？

もし、そのジェットコースターが多くの人が想像するような速いスピードではなく、ゆっくりと進むジェットコースターだったら、あなたはお金を払ってまで乗りたいと思いますか？

お化け屋敷ではどうでしょう。もし、それがまったく怖くないお化け屋敷だったら、お金を払ってまで行きたいですか？

大半の人は、お金を払いたくないでしょう。ジェットコースターなら「スリル」を味わいたいし、お化け屋敷なら「恐怖」を味わいたいからです。

このようにお金を払うという行為は、何かしらの感情を味わいたいという期待や欲望から生まれる行動です。

私たちが生きていく為には、どのような感情を抱くかを見据えることが大切です。

お金をうまくコントロールする為には、日々の生活の中でもジェットコースターやお化け屋敷と同じように、買い物をするたびに「この商品を買うことで、自分の中にどのような感情が生まれているか」を意識することがポイントです。

お金と感情をより理解するために、次はあなたが先週1週間で使ったお金を洗い出しましょう。レシートか、もしくはクレジットカード払いでもすぐに記録が確認できますので、それらをプリントアウトしてください。

それらを見ながら、「この商品は、何の為に買ったんだろう?」「どんな感情を満たす為に買ったのか?」といった支出から思い出せる感情を思うままに書きだしてみてください。

書き出してみると、自分もお金があればより快適で満足できるという欲望を持って、日々お金を使っている事実が目に見えて分かるはずです。しかし、その欲望はそのときは多少満たされたとしても、永遠と続くことはありません。このように多くの人は、買うときに芽生えた期待の感情だけが先行した「幻想の中」で生きているとも言えるかもしれません。

第4章2で書いたように、お金とは価値と価値の交換であり、お金自体(お札そのもの)に価値はありませんよね。

それが分かっていれば、極論、お金などなくても人は死なないのです。

お金に価値があるのではなく、むしろあなた自身に価値があるのです。

この考え方を踏まえて、「お金がないと不安で、お金があれば安心」という考え方から抜け出しましょう。そうしないと、あなたは一生お金の奴隷であり続けてしまいます。

## あなたのお金に対する価値観を書き換える

1万円札は、いくらか知っていますか？

この不思議な問いに対して、多くの人は「1万円は1万円だよ」と答えるでしょう。

しかし、紙幣の原価で言うと、約1万円はたった20円ぐらいなのです。

原価の紙、プリント、人件費、全部合わせても20円。これが、お金の正体です。1万円の物質的な価値は、実は1万円以下なのです。

貨幣に絶対的な価値はないのです。貨幣は単なる情報であり、それ自体には価値がありません。


あらためて、「あなたにとって、お金とは何なのでしょうか？」

これはお金と感情を考える上で根源的な問いで、もし質問自体にネガティブなイメージを持った人は、残念ながらお金に支配されているタイプかもしれません。なぜなら、そのような人は、お金と聞いたら直感的に「お金がない ↓ 食べ物が買えない↓ 飢えて死ぬ→不安・恐怖→お金がない」といったようなネガティブな思考の流れが脳内で構築されてしまい、このサイクルから抜け出せないことが多いからです。

では、お金に支配されないためには、どうしたらよいのでしょうか？　まずお金から連想するワードを頭に思い浮かべてください。

「時間」、「自由」、「力」、「恐れ」、「支配」等々……。

例えばもし、あなたが借金まみれなら、お金は前述したようにネガティブなイメージそのものでしょう。「お金は生活費」「お金は借金」「お金は汚い」など、出てくるワードもマイナス思考一色で塗り固められているはずです。

逆にお金を稼ぐのが上手く、お金が集まってくるような人のお金の連想ワードは、「お金は自由」「選択肢が増える」「夢の実現」……。このようなポジティブなイメージです。

この2つの考え方を比べれば一目瞭然ですよね。

つまり、あなたのお金に対する価値観を書き換えることが、お金に好かれる一番のポイントなのです。

『お金はネガティブで破壊的なもの』

↓

『お金はポジティブで創造的なもの』

このように発想を変えるのです。

そうは言っても、実際にお金がなく、経済的にも精神的にも八方ふさがりの人にとっては、考え方を急に変えることは容易でないでしょう。そこでネガティブ思考の壁を打破するために、重要なアプローチ方法が3つあります。

「意味付け」をポジティブに変える＝お金は自由を手にするためのツール

お金自体に善悪はなく、お金は良い物だと解釈を変える。

「言葉」をポジティブに変える。＝「1000円しかない」ではなく、「1000円もあれば、あれもこれもできる！」。

「心配だ」「不安だ」と愚痴を口癖にせず、「ありがとう」「お陰様で」を口癖にする。

なぜならお金は感謝の対価だから。

「在り方」をポジティブに変える。＝世間に不平不満を言うのではなく、自分の考えをポジティブに変えていく、例えば3章に記述したように、ピンチをチャンスに変えるマインドをもち、苦しい状態が訪れたなら『今の「変化」は我にとって「何のチャンス」だろうか?』という己への質問力が人生を変える

お金について思考したり、人と話したりするときに、このポイントを押さえるだけで、あなたのお金に対するマインドがガラリと変わっていきます。

## お金が全てではないが、お金はほとんどのことに使える

これは、ポジティブ思考を固めるために知っておくべき重要な事実です。

例えば、旅行するとき、お金があればいくつかの交通手段から好きなものを選ぶことができますよね。「新幹線」「飛行機」「プライベートジェット」、このようにお金があるだけで、選択肢がぐんと増えます。

そんな利点がある一方、お金がたくさんあると、限られたお金でやりくりして物事を解決するという、考える力は減ってしまいます。

ここで『お金はツールであってゴールではない』という考え方が重要になってきます。ツールとゴールをごちゃ混ぜにしないでください。例えば、「食べ物をたくさん買って食べて、お腹いっぱいになることで幸せな感情を手に入れる」としましょう。このお金はあくまで、幸せになるための物を買うツールであり、ゴールではありませんよね。

また、お金を貯めること自体をゴールにしないでください。

お金はツールです。多くの人が、お金は何か結果を得るための道具なのに「お金がゴール」なのだと錯覚しています。そうなると、「お金を稼ぐことがすべて」、「お金持ち＝すごい人」という間違った思考に陥ってしまいますので、「お金＝ツール」という、この根本は忘れないようにしてください。

## お金ではなく価値にフォーカス

借金がある人は、どうしてもお金に思考を占領されてしまい、「カネ、カネ」「お金さま、お金さま」と、あたかもお金が人生のすべてであると勘違いしてしまいます。これは俯瞰してみると、この人はお金・紙幣そのものしか見えておらず、考え方が固まってしまっています。

しかし、お金ではなく、そこから生まれる価値にフォーカスすることが、お金が自動的に集まってくる正しい思考なのです。ビジネスでいえば、サービスや商品といった価値を提供することでお金が稼げて、経済も回りますよね。お金だけで経済が回っているわけではないのです。

お金に限らず、ほとんどの問題は人間関係から始まり、欲望も人間関係に起因します。詐欺商材や宝くじを買ってしまうような「刺激、非日常」。それらの価値もそれなりに高いことは確かです。お金は、相手から受け取れる価値がなくなったときに端数としてもらうもの、お金はあくまでその他の価値のおまけのようなものと認識してください。

多くの人が憧れる「マイホーム」を例に出しましょう。そもそも、マイホーム自体には、一体何の価値があるのでしょうか？

人びとはマイホームを何のために買うのでしょう？

それは、家族の笑顔、家族に対するプライドの為かもしれません。家がないと寒い、騒音がうるさいといった物理的な理由も色々あると思います。

このようにマイホームひとつをとっても、それに何の価値があるのかを分析して、理解する癖をつけることは重要です。その思考の癖がつけば、普段の生活だけでなく、ビジネスでも多様なアイデアを思い付きやすくなり、ひとつの商品にどういう価値を付ければ満足してもらえるのかといった柔軟な考え方ができるようにもなります。

「これの価値は、何なのか？」

「多くの人がお金を使っているものには、どんな本質的な価値があるのか？」

常日頃からこれらを意識して理解することが、お金の使い方にも大きく影響します。それによって、あなたはお金の失敗が減り、結果、あなたの望んだ世界を手に入れるために前進することになるでしょう。

## 「寂しさを埋める」という近年の価値の傾向

物が溢れているこの時代に、価値が高まっているものとは何でしょう。

それは、「人々の寂しさを埋めるもの・商品」です。

スマートフォン、ゲーム、ＳＮＳなどが氾濫しています。

スマートフォンでピコピコとゲームをやってると、頭が麻痺して寂しくなりません。実は、私も一時期ゲームにハマってしまい、廃課金をした経験があるので痛い程分かります。その寂しさが、スマホとインターネットによって代替された価値なのです。


私の学生時代はスマホがなかったので、通学路でカップルを見かけたら、「うらやましい、俺も彼女が欲しいな」と思っていました。恥ずかしい告白も何度もしました。しかし今、アニメなどの二次元の方が人間よりも魅力的に感じ、没入する男性が少なくありません。それは、スマホの影響が非常に大きいのです。

スマホでインターネットに繋がっていれば、寂しさを感じることはありませんよね。本来は、この「寂しい」という感情こそが、将来に向けての良い原動力、モチベーションになるのですが……。現代社会の傾向としては、これが事実です。


また最近では、「友達を作ろうとしない」「恋人を作ろうとしない」人も増えています。恥ずかしながら、数年前の私もそんな人たちのひとりでした。

毎日、会社と自宅との往復だけ。しかも、家族関係の仲も悪い。休日は何もやる気がおきず、このようなサイクルが続くと当然、人間は鬱になります。

私も鬱病を経験し、そのときのことは今でも思い出したくもないのですが、もの凄く無駄な時間を過ごしていました。しかし、その一方で、自分を見直すきっかけにもなりました。

鬱病になると、今まで築いてきた人間関係の現実を良くも悪くも、嫌というほど、突きつけられます。

昔の自分を知っていて、今でも付き合いがある人は、たった一人だけです。

それは家族ではなく友人でしたが、その一人は私にとってはかけがいのない財産です。

あなたのフェイスブックの友達１０００人は、あなたが借金したときや家がないとき、病気になったときに、お金を貸してくれたり、家に住ませてくれたりしてくれますか？

ネット上の知り合いの多くは、当然お金も貸さないし、家にも住ませてくれません。

その観点で彼らはそもそも友達ではないのですが、ネットで繋がっているとなんとなく友達がいる気になります。

たまに「フェイスブックの友達が1000人いるから、俺は友達が多い」と威張っている人がいますが、彼らも本当の友達がいないことを、心では分かっています。

本当はとても寂しいのですが、グーグルやフェイスブックなどが仕掛けた疑似的な友人関係のせいで感覚が麻痺してしまい、どんどんと分かりにくくなってきています。

これはネットゲームも同じです。

今の時代、人々は寂しさを埋めるためにお金を使っているのです。

## 寂しさを埋める存在の価値

宗教も人の寂しさを埋めるための代表例でしょう。

宗教に入っている人全員がそうだとは言いませんが、何か満たされず、寂しい想いから救われようとして入信するケースは決して少なくはありません。

「家族にも相手にされない」、「会社にも理解されない」、「誰も理解してくれない」……。そんな中で、教祖様だけは自分を理解し、心を満たす存在だと思ってしまうのです。

ホストクラブのホストも宗教と似ているかもしれません。客として通えば通うほどホストへの信頼度が高まり、「このホストだけは自分を理解してくれる」と錯覚してしまうことがあります。

客観的に見れば一目瞭然なのですが、ホストはお客がお金をくれるから、その対価として優しくしてくれるだけなのです。ただ心理を操るプロの手にかかれば、お客はそんな単純なからくりも分からなくなってしまい、どんどんとハマっていくのです。

宗教、ホスト、そしてスマホも「寂しさを埋める」という、人間にとって本質的な価値を生み出しています。

「宗教やホスト狂いになるなんて、バカじゃないか」「さすがに自分はそこまでバカじゃない」と自分を過信している人は多いです。しかし、そんな人たちがスマホやネットでさまざまなコンテンツに散々課金をしていたら？　それぞれ魅力的に思うものへの価値観が違うだけで、結局やっていることは同じなのです。

これからの時代、さらに「寂しさを埋める価値」は大事になってきます。

コミュニティ、セミナー、食事会……。リアルがドンドン求められるようになってきます。

ですから、今の時代は一昔前に比べて。コミュニティサロン・セミナー・食事会などの機会が（寂しさを埋める価値として）ネットを通じドンドン増えてきました。

今やスマホとインターネットが、人の寂しさを埋めてくれる時代になりました。そんな現代日本において、この寂しさを埋めてくれる存在こそが、高くてもお金を払ってまで手に入れたい価値のひとつになっています。

## 非日常という価値

現代人は、「非日常」を楽しむ生き物です。

これは、インターネットとスマホが生んだ弊害と言えるかもしれません。

今ではインターネットで検索するだけで、江戸時代の人が一生かけて得るような莫大な知識を、短時間でしかも手軽に得ることができます。江戸時代が始まったのがだいたい1600年なので、たった400年ほどでそれだけ時代が変わったのです。

しかし、私たちの遺伝子や脳、DNAは、たった400年でそこまで進化はできません。この時代、インターネット・スマホが急速に発展しまったことで、それを作った人間がついていけてないのではないでしょうか。

現代の人間は自ら作り出した情報過多な世界に混乱して、現実から逃げようとすらしています。それが、非日常への憧れに繋がっているのではないでしょうか。

人々は、虚無感を生む現実社会から抜け出したくて、宗教やホスト狂い、スマホ依存に陥っています。言ってみれば、旅行やバンドのライブ、クラブ、セミナー、宝くじ、仮想通貨も非日常です。

自己啓発セミナーに行き、その1日でモチベーションが一気にガーっと盛り上がり、次の日にはガクンと下がってしまう人がいます。そういう人は、セミナーに何かを学びに行くのではなく、非日常を味わいに行くから、冷めるのが早いのです。


スピリチュアルもそうです。

誤解のないように言えば、私はスピリチャルが好きですし、セミナーに行って勉強もしていました。しかし、一言にスピリチャルと言っても、最近になって流行りだしたジャンルもあり、正直、本物と偽物の差が酷いのが現状です。奥深い分、まだまだ未開拓な世界なのでしょう。

人々は情報過多の世界で混乱し、神様に逃げるぐらいしか道がなく、何らかの第三の力にすがらないと自分が救われないと感じているのではないでしょうか。

その救世主として、良くも悪くもスピリチュアルを選ぶ人が多いと実感します。

人生に悩んでいる人に対して、すべての原因は悪魔や霊的なもののせいだと責任転嫁させて、あの手この手で誘導し、商売する悪質な人もいます。


本当のスピリチャルは、原理原則とおり「自己責任」で考えます。

何かにすがって、他者責任の考えを勧めるスピリチャルは、高い確率で詐欺です。

もちろん、私は宗教やスピリチュアルを否定する気はありません。個人的な宗教観としては､神様の存在を信じていますし､いたら良いなという程度に考えています。ただ、寂しさを埋める為だけで、人が宗教などに妄信することへの違和感は拭えません。


前述したように、非日常という価値を満たすために旅、ライブ、宗教、セミナー、ホスト、仮想通貨、スピリチュアルそういうものにみんなお金を使っている傾向があります。

「寂しさを埋めて、非日常を味わえる」

これが、この令和時代のトレンドになると思います。この2つの価値を満たすものを考えると、あらたな価値が生まれるかもしれません。

価値について考える上で、「共感、理解」は、とても良いキーワードです。「誰も分かってくれない」「誰も理解してくれない」と思っている人は多いです。しかし、人間は一人では生きられません。「誰かと自分が同じだと思いたい」「同じ考えを持っていると思いたい」。人生は自分の考えを分かってくれる人を、一人でも多く集めるゲームだと思います。

有名な心理学者アドラーの言葉で、「人は理解してくれる人を一人でも多く増やしたいし、理解してくれる人を見付けるとそれは奇跡のような人間関係だと思って信頼する」というものがあります。言ってみれば、これが宗教の教祖様のポジションにあたります。

また、アメリカの心理学者マズローが提唱した「マズローの5段階欲求」というものがあります。

これは「人間は自己実現に向かって絶えず成長する」生き物だとし、その欲求を5段階に分けて分析したものです。

ここでエクササイズをやってください。


レベルが5段階あって、レベル1から順番に人の欲求は上がっていくという理論です。

一番下の欲求は「生理的欲求」です。これは「食べる、寝る、排便、息をする」という生きるために必要な欲求です。

二番目の欲求は「安全の欲求」です。「安全なところに住みたい、スラム街に住んでたら怖い」。

三番目の欲求は「所属・愛の欲求」です。「友達が欲しい、恋人が欲しい、家族がほしい」。

四番目の欲求は「承認の欲求」です。「誰かに認められたい、褒められたい」。

五番目の欲求は「自己実現の欲求」です。「何かを夢を達成したい」。


多くの人は「自己実現したい」「夢を叶えたい」「憧れのお店を出したい」等……。それぞれの欲求がありますよね。空気が吸えない、水も飲めない状態で、「俺は夢を叶え

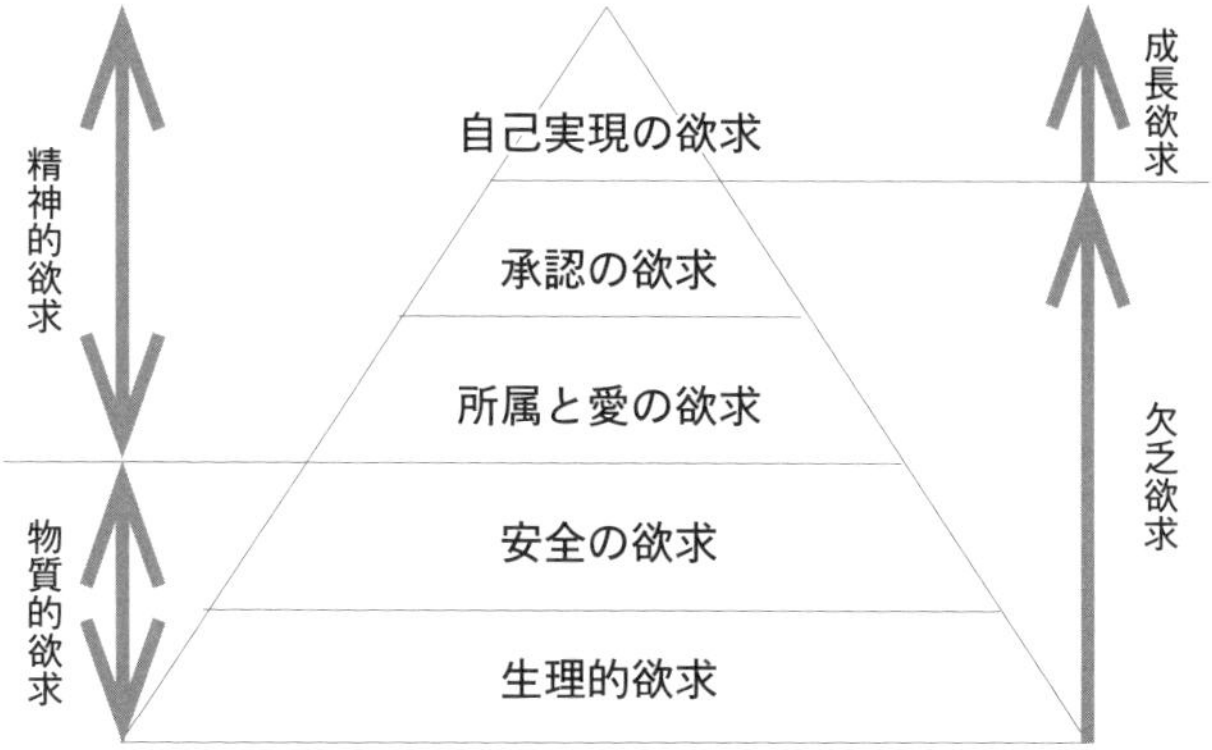


るぞ」なんて言えません。

「友達欲しい」「恋人欲しい」、でも空腹だったら「友達、恋人」の前に何でもいいから食べたいです。

「マズローの5段階欲求」は、本当に人間の生態を明確に分析しています。

ポイントは、下の層からしか、上には行けないということです。ある程度満たすと、ドンドン上に上がります。

「価値とは、何なのか？」

この重要な問いの答えを見付けるには、あなたがこのマズローの5段階欲求を「お金を一円も使わないで上げるにはどうすればいいか？」、それを考えることが最短の方法です。

仮にあなたがホームレスだったとして、食べるものがない状態でまず何をしますか？　これは人によりけりです。人によって違うから、色んなビジネスの発想あり、面白いのです。

例えば、あなたが農家なら、お米や野菜を作る能力がありますよね？　それは凄いスキルです。野菜を作って売る、もっと言うと野菜の作り方を教えることで儲ければ、一気に安全欲求まで満たせます。

「お米の作り方教えてあげるから」と言って家に住ませてもらう。

生理的な欲求と安全欲求を満たせますよね？

農家だけじゃなくて人それぞれ、スキルがあると思います。

人を笑わせるスキルがあれば、お笑い芸をやることでお金を使わずに、マズローの階層を上げられます。実際にお笑い芸人ができる人の絶対数が少ないので、強いと思います。

たまにテレビなどで、お笑い芸人が売れなかった頃の下積み時代のエピソードを披露されますが、あれは生き方を考える上で本当に参考になります。

人を喜ばせれば、その人が友達になって親和の欲求も満たされる。人から「凄いね」

と褒められれば承認欲求も満たされていく。

人を笑わせて楽しませるというスキルを持っている人は、4段階上ぐらいまでいけると思います。

このように何でもいいので、「マズローを一円も使わずに上げるにはどうすればいいか」を考えてください。

このような考え方に当てはめると、「人を喜ばせたり、笑わせるスキル」を持っているお笑い芸人さんは、とても価値が高いんだとあらためて気付きます。あなたが知恵を絞って考えていくと、おのずと自分の武器、スキル、情報、知識が見つかります。

この方法は私が今までやったエクササイズの中で一番インパクトが強かったので是非やってみてください。


今の日本には物が溢れています。

海外に行くと、日本がどれだけ恵まれているかより深く体感することができ、「幸せとは」「価値とは」といった問いを考えさせられることがあります。

幸いにも私は妻がロシア人だったので、海外に行く機会が多く、カンボジアに行ったときは、本当にひどい生活している人をたくさん見ました。しかし、ひどい生活をしているから不幸せとは限りません。彼らは貧しいながらも、とてもニコニコしていました。

「お金があるから幸せ」「お金がないから不幸せ」では、ありません。

ただ、日本は物が多すぎて、本当の幸せが何かに気付けていない人が多い気がします。

そう思っているのは私だけでしょうか？

マインド　その3（まとめ）
お金に価値があるのではなく、自分自身に価値があると気付こう。
あなたのお金に対する価値観が変わったとき、あなたは全てを手にします。

第5章

# これからの時代の資産の在り方

以上の章を踏まえ、これからの時代を具体的にどのように生き抜いていくか、おじいちゃんからその生き方をバトンタッチしている著者よりの提言です。

# 1　日本がかかえる問題

## [1] 日本の借金増加ペースについて

ジャーナリストの財部誠一さんが運営している「借金時計」というＷｅｂサイトをご存知でしょうか。このサイトでは日本の借金額が数値で表示され、リアルタイムで更新され続けています。この数値によって今この瞬間も増え続ける借金額をイメージできるだけでなく、サイト内で借金総額を世帯数で割った「一世帯当たりどれくらいの負債を負っているのか」という分析データが詳しく説明されています。

そのデータによると、日本の借金は約１．１００兆円以上もあり、その借金は一世帯あたりに直すとおよそ２．０００万円にも上ります。（https://www.takarabe-hrj.co.jp/debtwatch）

さらに日本は毎年、30～40兆円という巨額の借金を積み重ねています。もし国の経済規模が大きければ、借金が多くても心配はないのですが、現在の日本の実質ＧＤＰ（国内生産量）は２０１２年から２０１７年まで、ほぼ横ばいの５００兆円前後に留まっています。

（経営マーケットデータ・https://www.stock-marketdata.com/jisshitsu.html）

ＧＤＰ（国内生産量）とは、1年間に国内でどれだけのモノ・サービスが生産されたかを表す指標です。この数値から、その国の経済の規模が分かります。経済の規模が大きければ、国民からの税収が増えるので、たとえ国の借金が増えてもその税金で返済でき、さほど問題ではありません。

逆に言えば、多額の借金を背負っている国は、その額に見合うほど経済の規模が大きくなければいけないのです。残念なことに今の日本は、毎年借金が増え続ける一方、経済の規模を大きくするための経済成長がほとんど変わらない状態です。

国の借金を風船でたとえて、仮に「空気の量＝借金」、「ゴムの弾力＝経済成長率」としましょう。風船に空気（借金）を入れ続けると膨らみます。そうすると風船のゴムは伸びていきますよね。もし、そのまま空気の量が増えていき、その膨張にゴムの弾力性（経済成長率）が耐えきれなくなったら……。この風船が破裂するのは、時間の問題です。

それでは今現在も膨らみ続ける日本の風船は、一体いつ割れてしまうのでしょう？

カウントダウンは、もうすでに始まっています。


そもそも日本のGDP（国内生産量）がほぼ変わらないのは、なぜなのでしょうか。

おそらく日本が高度成長期を経て、ある程度成長してしまった為、もう残りの成長余地がなくなってしまったからという考え方が妥当かもしれません。


マーケティング用語で「プロダクトサイクル理論」という考え方があります。

アメリカの政治経済学者R.バーノンが唱えた理論で、商品がこの世に誕生すると生き物と同じような過程を経て、やがては衰退へ向かっていく、というライフ・サイクルを説明したものです。具体的には、「導入期」→「成長期」→「成熟期」→「衰退期」の4つのサイクルがあります。

これは商品だけでなく、企業や国にも共通します。

今の日本をこの理論に当てはめると、ちょうど「成熟期」から「衰退期」に入るフェーズでしょう。

日本は戦後の高度成長期に、経済が一気に豊かになりました。これが「成長期」です。これまで何度も不景気だと言われることもありましたが、多くの国民は3食ありつけて暮らすことができています。戦時中の祖父の時代と比べると、モノがありあまる贅沢な「成熟期」時代になりました。

唐突ですが、あなたの家族や知り合い、友人の中で、明日食べるものが全くなく、着るものもなく、住む家もない人はいますか？

少なくとも私の周囲にはいません。

最近ニュースではそのような生活をしている人の話をちらほら聞くようになりましたが、世界的に見たら日本は裕福であり、そのような生活困窮者はまだ少数派でしょう。

まだ日本はかろうじて「成熟期」であると言えます。

しかし冷静に見ると、「モノには不自由していないのに、借金まみれ」でもある日本。「衰退期」への移行とともに、そのような皮肉な時代にも突入しているのです。

## 2 日本の人口減少問題

増加の一途をたどる国の借金に加えて、日本は深刻な人口減少問題にも直面しています。現在の日本はアメリカのように移民の受け入れはしておらず、先進国の中でも際立って少子化が進んでいます。国の経済力と人口数は、密接に関係しているのです。国の借金は膨張し、年金の支給年齢が65歳に引き上げられ、終身雇用制度も崩壊……。

少子高齢化による親の介護の心配など、将来の問題は山積みです。このような未来の見えない社会において、若い世代が積極的に家庭を持ちたい、子供をつくりたいとは到底思えないでしょう。

今の日本は、1人あたりのGDP（国内生産量）も増えない、そして人口も増えない。出口の見えない道をただただ進んでいるのです。

日本の総人口は2055年には1億人を下回ります。2015年を基軸として、2016年までに実際に減った人数は16万人。2020年までの平均をとると約35万人でした。

数値が大きすぎて35万人と言われても、あまりピンとこないかもしれませんが、調べてみると、埼玉県の川越市と同じ人口でした。

川越市は国から、規模・人口が比較的大きい中核市に指定されている市です。毎年、この川越市がなくなると想像してみて下さい。その規模の都市が消滅し続けていく日本で、今後の経済が発展するイメージなど、なかなか持てませんよね。

## 3 最悪な事態を想定しておく

国の借金と人口減少問題を踏まえて、日本という国を1つの家族に例えてみます。
- 家（日本）の借金が1100兆円以上あるにもかかわらず、毎年さらに30～40兆円の赤字を積み上げている。

↓

- 増え続ける借金を返済したいけど、肝心の稼ぎ（GDP）はずっと同じ。

↓

- 稼ぎ頭として期待していた子供の稼ぎ（人口）は少なく、逆に親の老後の面倒を見る為の支出が多額に！

このような家族がイメージできましたでしょうか？　悲しくも、これが今の日本です。

この考え方には様々な意見があり、経済評論家や学者たちエリートの中には、「日本は破綻することはない」と言う人もいます。

その理由は「日本の経常収支が黒字だから（輸入で海外に払う金額より、輸出によって儲ける金額の方が多い）」「日本国債は海外でなく、国内で発生している借金だから」。

このような議論が飛び交ってはいますが、私はシンプルに『収入－支出＝利益 or 損益』たったこれだけの話だと思っています。

本書では「日本の財政が破綻するかどうか？」を議論するつもりは毛頭ありません。なぜなら、私はどちらでも構わないのです。私も日本国民として、財政破綻しないのであれば、それに良いに越したことはありません。ただ、最悪な事態を想定して、今打てる手は打っておきたいのです。

実はそういう日本も戦後、財政破綻を経験しています。

前の章で紹介した通り、当時軍人であった私の祖父は、この財政破綻によって人生を翻弄された国民のひとりでもあります。
「いかなる時にも最悪な事態を想定して、日頃から備えてくのだよ」
これは祖父の口グセでした。戦後辛い経験をした祖父から「備えることの大切さ」を教えてもらったことが、今の私の思考に大きく影響しています。

## 4 戦後の預金封鎖を経験した祖父の話

私が小さい頃、よく祖父から「国を信用するなよ。国家は私たちを守っちゃくれんのだから」と聞かされていました。そんな祖父が教えてくれた「戦後の預金封鎖」の話は、当時の私にはとても衝撃的なものでした。

戦時中、砲兵科の指揮官であった祖父は100名ほどの部下とともに、中国の前線で戦っていました。当時を振り返りながら、「部下を1人も戦死させずに内地に引き上げたんだ」と誇らしげに語る祖父に、私は幼いながらも感動し、「どうやって、全員が無事に帰れたの？」と聞いてみました。

すると、「国の命令に従わなかったからだよ」。そう祖父は答えたのです。その時の祖父の寂し気な表情は、今でも脳裏に焼き付いています。

１９４５年に日本がポツダム宣言を受諾して、天皇陛下の玉音放送が流れた頃、軍人たちは政府から「一切の武装を解除せよ」という命令を受けました。しかし、祖父は現場を預かる指揮官としての責任から、その命令を拒否しました。

その一方、政府からの命令に従ったある部隊が武装解除後、中共軍の襲撃により全滅という話を耳に。皮肉にも、祖父の部隊は国の命令に背いたことで、無事に生き延びることができたのです。

しかし戦後、内地に戻った１９４６年の1月４日、公職追放令が施行。職業軍人である祖父は職を失い、好ましからざる者として扱われ、親戚からも疎まれるようになってしまいます。

そして同年2月16日、政府は突然の預金封鎖を発表。軍の指揮官として職務を全うした祖父でしたが、この政策により、「お国の為に戦った」という理由で、財産や職業、さらには親戚までも失ってしまいます。

預金封鎖とはどのような政策なのでしょうか。なぜ起きたのでしょうか？

まずは、預金封鎖が起こるまでの経緯を説明します。

日本が敗戦を迎える直前の１９４４年、日本国債の発行残高がＧＤＰ（国内総生産）の2倍に達しました。戦時中に積み重なった国債という借金は、戦後ボロボロになった日本には償還など不可能です。

１９４５年に第二次世界大戦が終わると、その翌年には借金返済の為に、政府が国民の預金の引き出しを制限する「預金封鎖」と、資産に課税する「財産税」という制度が施行されました。詳細は後述しますが、当時の政府は国民から徴収した税金から借金を返済するしか、方法がなかったのです。


もし国が財政破綻した場合、国民も法人も、政府に対して失った資産の請求権はありません。その一方、政府は国民や法人への徴税権を持っています。これは日本だけではなく、全世界共通のルールであることを、ここで強調しておきます。

「預金封鎖」とは、銀行口座の預金から出金を制限する政策です。これは、施行から2年以上も経つ１９４８年の6月まで続きました。

この預金封鎖には、２つの目的があります。

「資産課税」と「取り付け騒ぎを起こさせない」為です。「取り付け騒ぎ」とは戦後の不安から、国民が一気に銀行預金から多額を出金することによる国の混乱のことです。
国民の生活に大きな影響を及ぼす、この預金封鎖。そもそも国民は預金封鎖が起こる兆候を把握できるものなのでしょうか？
残念ながら、それはほぼ不可能です。もし政府が預金封鎖をしようとしているという情報が国内で漏れたら、国民全員が銀行に押し寄せて、預金を引き出そうとするでしょう。ここで、取り付け騒ぎが発生する可能性があるのです。
混乱と過度な出金によって、その国のすべての銀行が破綻してしまうことも考えられます。その為、政府は国民を不安にさせるような情報が漏洩しないよう徹底して、国民が気付かないうちに預金封鎖を実施してしまうのです。
祖父が突然起こったと言っていた言葉通り、預金封鎖がいつ起こるかなど予測できる国民はいないでしょう。私自身も正直、分かりません。
ただ過去に世界中の預金封鎖が起こった時期を調べると、面白いことが分かりました。
１９３３年３月４日（土）アメリカ
１９４６年２月16日（土）日本
１９９８年８月17日（月）ロシア
２００１年12月１日（土）アルゼンチン

２０１３年3月16日（土）キプロス
２０１５年6月29日（月）ギリシャ

これは、過去に預金封鎖が起きた国と施行日です。曜日に着目してみてください。預金封鎖の発表するタイミングは、銀行が休業する土曜日か、曜日始めの月曜日が多いのです。これは、市場に与える影響の拡大を少しでも避けようという対策ではないかと読み取れます。

もしくは土曜日に発表する場合だと、行員が預金封鎖に対応する時間を稼ぐ為、月曜日の発表ならば、事前に関係者だけには通達しており、準備が整っているタイミングなのではないかと推測できます。

次に国民を苦しめたのが「財産税」です。

１９４６年の11月11日、吉田内閣は財産税法を公布しました。

財産に対する課税は今でもあります。相続税、贈与税、固定資産税などです。

しかし、戦後のこの時期の財産税は、連合国軍の占領下で行なわれた、とてもきびしい臨時税でした。このときの財産税課税の名目は「戦時利得の没収」で、ＧＨＱ（連合国軍総司令部）の指示で作成された「戦時利得の除去及び国家財政の再編成に関する覚書」に基づいて行なわれました。

財産税は、3月3日の時点で合計10万円以上の資産（動産・不動産）を所有する個人が対象となり、同一家族で該当者が複数いる場合は、個々の資産は合算。財産全額なので、銀行預金だけではなく、株式、不動産、ゴールド（金）等も含まれます。


実は政府が預金封鎖を実施した大きな理由が、ここにあります。

もし国民があらたに財産税の徴収すること知ったら、多くの人が資産を手元に置いておこうと、慌てて銀行預金を引き出すでしょう。少しでも多くの財産税を手にしたい政府は、それを防ぐために預金封鎖で出金制限をかけておいたのです。

これが預金封鎖と財産税のカラクリです。


「月額あたり世帯主で300円、世帯員1人につき100円」と決められた出金制限は、当時「500円生活」と呼ばれていました。500円は現在の貨幣価値に換算すると、25万円前後。これは一見、十分な金額に思えるかもしれません。しかし、当時はインフレが急激に進行し、物価も急上昇。生活は非常に厳しい状況でした。

その証拠に1946年の物価上昇率は、なんと300％強にもなったと言われています。

# 2 資産を守るためにできること

将来、日本が財政破綻して過去のように預金封鎖が起こったら、私たちの生活は一体どうなるのでしょうか？

歴史的に見れば財政破綻した多くの国が、ハイパーインフレを引き起こしています。逆に急激なデフレになった事例はありません。

インフレとは物価が上昇することですが、裏を返せば貨幣の価値が低下することを意味します。インフレ率が10倍の場合、インフレ前の1，000円がインフレ後は100円分の価値しかなくなってしまいます。

つまり、1，100兆円の借金は110兆円分の価値になるということです。これを聞いて、「インフレ率が上がれば、その分、国の借金が減るから、国民は安心できるのではないか」と思った人もいるかもしれません。

しかし、もちろんそんな単純な仕組みではなく、最終的にツケを払うのは我々、日本国民です。お金がないからひたすら刷る、インフレとは財政破綻になりそうな国の応急措置として一瞬だけ有効に見える、都合の良いものだと言えるでしょう。

このインフレに歯止めがかからなくなると、ハイパー（過度の）インフレと呼ばれる状況に陥ります。

借金が増え続ける今の日本では、ハイパーインフレも他人事ではありません。将来の為にはインフレへの対策も考えておく必要があります。


具体的な対策として、このような方法が挙げられます。

**1）預金・国債**

国債が膨れ上がり、政府が財政破綻した場合、国内は急激なインフレに見舞われます。日本円での預金や資産は、非常に高い確率で吹き飛んでしまうでしょう。

もし財政破綻しなかったとしても、インフレによって円の価値は確実に目減りします。そうすると、リスク分散としてでも円を持っている意味がなくなります。

## 2）（日本の）外貨預金・株式・不動産・金

国が財政破綻した場合、〝インフレに強い資産〟を持つことが重要です。

インフレに強い資産とは、株式や不動産、外貨など。株式や不動産は基本的に物価に合わせて上昇します。日本で起こるインフレは、あくまで日本円での価値の話ですので、外貨を持っていれば「持っているお金の価値がどんどんなくなっていく」という最悪の状況を回避することができるのです。

このような対策は、マネーリテラシーのある人なら、すでに実行されているでしょう。ただ注意が必要です。なぜなら、日本で預金封鎖が起きたら、日本の銀行口座で作った外貨預金を引き出せない可能性が高いのです。

ですので、心配な人は外貨をタンス預金にしておくのも有効な手段です。

これらの資産はインフレには強いのですが、預金封鎖が起こったときに前述したような「資産課税」があるかどうかで、また考え方やその対策が変わってきます。

例えば、２０１３年に財政破綻したキプロス共和国の場合、資産課税の対象は銀行預金だけで、株式や不動産等は対象ではありませんでした。しかし、１９４６年に起こった日本の預金封鎖では銀行預金だけではなく、不動産、株式、ゴールド（金）等の資産も対象になりました。

### 3）海外で預金口座をつくる／海外の投資口座で株式を持つ／海外不動産を持つ

自分のお金を日本ではなく、海外を拠点として運用するという考え方は、現状で考えうる対策の中でとても有効な手段です。

海外のお金は、日本国内のインフレに負けない資産であるとともに、預金封鎖という魔の手からも逃れられます。もし日本が財政破綻したり、「資産課税」が課されたりしても、海外にある資産は外国のものなので、基本的に日本の法の効力は及びません。

しかしながら海外での口座開設が日本の財政破綻対策として、必ずしも有効ではないケースはあります。

２０１７年度から香港にあるＨＳＢＣ銀行では、日本人が口座を作るときにマイナンバーの提出が義務付けされるようになりました。もともと口座を作る際には、その人が納税している場所を特定する番号を登録しないといけないのですが、これまで日本人にはそれがなく、マイナンバー制度ができたことで提出が義務化されたというわけです。

このマイナンバー義務化により、やがて国民の資産が捕捉（政府が国民の資産を把握する）される方向で進む可能性が高いでしょう。さらに、資産課税が導入された場合、もしかしたら今後マイナンバーを通じて、政府に国民全員の預金・資産が把握され戦後と同じようなことが起きるかもしれません。

もし海外で銀行口座を開くのであれば、この点に注意する必要があります。日本と租税協定を結んでいる国では、ＨＳＢＣ銀行のようにマイナンバーを提出する義務がありますが、租税協定を結んでいない国なら、口座開設にマイナンバーの提出は必要ありません。そういった抜け道はあります。

「ニューリッチ」という言葉をご存じでしょうか？

１９９８年８月17日、ロシア政府はデフォルト宣言をしました。それは１９９２年の1月1日にソビエトが解体されてから6年後。ソビエトからロシアに変わったとき、4年間で物価は１８００倍に上昇。ロシア通貨のルーブルの信用がなくなり、紙幣はただの紙クズになりました。私の妻はロシア人で、当時の経済危機を経験したロシア人の友人もいます。

妻から話を聞くと、ソビエト解体当時は物価が高騰しすぎて何も買えず、自宅のダーチャ（畑つきの小屋）で、野菜を植えて何とか飢えをしのいだそうです。ソビエト解体当時は、今までの価値観が全て崩れさり、その現実を受け入れられない人々は物価上昇による困窮も相まって、自殺者が急増。治安が悪化しました。

国民は自給自足で飢えを何とかしのぐという状況でした。

今でも妻の祖母が、「あのルーブルで車を買っておけば良かった」と口癖のように言っています。ロシア人は日本人に比べて貯蓄率が低いのですが、それは過去の経済デフォルトという背景があるからなのです。

1998年にロシアではデフォルトが起こると同時に、政府は国民が海外にお金を逃がさぬように預金封鎖を行い、金庫のお金も含めてすべて取り上げました。これにより、ルーブルで預金していた国民は完全に全財産を失います。

富裕層を含む大多数の国民が自国通貨ルーブルしか持っていなかった為、多くの人は無一文になりましたが、その一方で新たに巨万の富を得たロシア人が出現します。

彼らは米ドルを持っていたのです。

自国通貨の暴落をいち早く察知した彼らは、資産を海外の口座に米ドルにして保有。それによって、差押えを回避した上でドルは数千倍の価値になり、このドルを国内に持ち込んだ彼らは、「ニューリッチ」「ニューロシアン」と呼ばれました。

さらに彼らは、その資金でロシア国内の不動産を買い漁りました。このように国の破産によって、持てる者と持たざる者の構図が一挙に激変したのです。

彼らが巨額の財産を築くことができた理由は、「自国のお金を海外口座でドルに変えて、インフレが起こったときに戻した」だけ。こんなシンプルな方法なのに、なぜ他の多くのロシア人は、彼らのように外貨を持っていなかったのでしょう。

それは、当時ルーブル以外の通貨を持つと、政府による罰則があったからだと言われています。

当時の政府が自国通貨を「ルーブルは安全だ」と吹聴することで、ロシア人に自国通貨を持たせ、何とか自国通貨の安定を図ろうと試みたのです。しかし結局、これらのルーブル紙幣はただの紙クズに成り果ててしまいました。

富を手に入れたのは、政府の言うことを律義に信じた者ではなく、こっそりと海外の口座を保有してロシアルーブルを他の価値に換えていた者だけなのです。

## 4）非居住者になる／資産を知識・経験・スキルに変える

最後に、これは究極の選択です。

「完全に日本国政府の管轄から外れる」という方法です。

他の方法と比べるとあまり現実的ではないかも知れませんが、選択肢としてはありません。

特に私がお勧めしたいのは、皆さんが持っている資産を知識や経験、スキルに変えておく方法です。日ごろから読書や勉強などを怠らず、たとえお金がなくても自分しかできないスキルを持っていれば、あなた自身が価値になります。これが、一番コストパフォーマンスの高い方法です。

日本の政府が財政破綻したからといって、突然、日本の国が消えてなくなるわけではありません。財政破綻した後も、私たちは生活をして生きていかなければならないのです。

どの時代、どんな状況になっても生き抜く知識・経験・スキルがあれば、誰からもその能力を奪われることなく、仕事にありつけることができるでしょう。もちろん、その対価として、あなたの能力に見合ったお金を得ることができるのです。

## 3 これからの時代の働き方

近年は、これまでの様々な常識が変わりつつある時代の転換期です。

終身雇用は廃止され、退職金もスズメの涙。だからと言って、年金に頼れるかと言ったら減額、先延ばしは当たり前です。今年金を支払っている若い層が受給される頃には、「ほぼゼロ」なんてことも予想されます。

そんな中、これからの時代、私たちの働き方はどのように変わって行くのでしょうか？

これからの日本の働き方を考える上で重要なキーワードとなるのは以下の４つです。

**人口減少と人手不足**

**知識産業化（ＡＩ化）**

**物価上昇（インフレ）**

## グローバル化

最初に挙げた「人口減少」は、回避するのが難しい問題です。政府は、将来一人当たりの出生率を2以上に上げる目標を掲げていますが、現実的には困難でしょう。人口が減ることによる最大の影響は、「都市部への人口集中と人手不足」です。

今日本は、国民全員が生涯働かないと生きていけない過酷な社会になってきています。これは時代の大きな転換期です。

これまで日本は製造業を中心に高度経済成長を実現してきました。ひたすらモノを量産して輸出すれば良かったので、当時の経済の中心は工場。社会は男性中心で、家庭は妻が専業主婦として家を守るという形が一般的でした。

しかし、世の中にモノがたくさん溢れ、こうした日本の昭和型産業モデルが変化してきたことにより、旧来の男性だけが働く社会だけでは、日本の経済を維持することが困難になってきました。そして徐々に男女の区別がなくなり、「働ける人は一生働く」という考え方が一般化していきます。

これまでの時代は、「定年まで働いて、残りの人生は退職金や年金で暮らす」という人生設計を誰しもが抱いており、日本の制度としても実現可能でした。しかし、これからは夫婦が一生共働きであることを前提に、国民は人生設計をしていかないといけません。

そのような社会構造に変化している証拠に、専業主婦の存在を前提にしていた不動産は、今価値が大きく下落しています。

特に都市部から離れた郊外の一戸建て住宅は、基本的に夫が外で働き、常に家には妻がいることを前提にデザインされた不動産です。

こうした古い家族の形を基に建てられた住居のニーズは、今後さらに急激に減少していくはずです。それとは逆に、共働きスタイルを前提とした都市部の不動産は、時代とともに上がっていくと予想されます。

今の日本では男女関係なく、ほとんどの国民が生涯働き続けるライフスタイルです。それにより、保育や介護のニーズもますます高まっていくでしょう。家事代行サービスも昭和の時代では考えられないほど、利用されている人が増えています。

もともと介護や保育、家事代行サービスというものは、多くの人にとって簡単に頼めるような金額ではありません。しかし、今はネット上で働きたい人を募り、条件が合う人とマッチングするサービスや、業務を限定的にするなどの形で、安価に仕事を依頼したり、仕事を受けたりできます。

　こうしたサービスを総称して「クラウドソーシング」と呼びます。まだＷｅｂデザインやプログラミングといったＩＴ業界で使われる手法としてのイメージが強いかもしれません。しかし、今後はこの「クラウドソーシング」が、より人々の生活に密着したサービス分野として普及していくでしょう。

# 4 令和という時代は、どんな時代になるのか

昭和は激動の時代でした。

戦争という暗黒の時代を経験し、戦後、日本人が一丸となって奇跡的な復興を実現。他国に類を見ない、高度経済成長により、経済や技術面では「ジャパン・アズ・ナンバーワン」と、世界から称されるようになりました。

しかし、その高度経済成長も頂点を迎え、平成に入るとバブルが崩壊。「失われた20年」と言われる時代に突入していきます。

平成という時代は、グローバリズムが始まった時代でもありました。

日本では、自由化・民営化が進んだことにより、ヒト・モノ・カネ・情報が国境を越えて世界市場に広がり、グローバル化が始まりました。

このような時代の流れを経た「令和」という時代は、どんな時代になるのでしょうか？

令和では完全に終身雇用が崩壊し、個々の人が己の知識・経験・ノウハウを用いて活躍していく時代に入ります。今までの古い価値観に固執している人は淘汰され、新しい価値観を創造していく人、共感していける人だけが生き残ります。

もちろん、「一つの会社で勤め上げれば幸せになれる」「いい大学に入っていい会社に入ったら一生安泰」という昭和型のモデルは崩れ去るでしょう。

私が提唱する令和の時代のテーマは、「人生１００年時代の到来」と「仕事の複業化」です。人々の人生が長くなると、働く時間も必然的に長くなります。その為、長い人生の中で、「人生の実りをどこで生み出していくか」をそれぞれが考える必要があります。

厚労省が公開した「平成29年簡易生命表」によれば、日本人の「平均寿命」が過去最高を更新して、男性は「81・09歳」、女性は「87・26歳」。医療が発達した現代日本では人が１００歳まで生きたところで、誰も驚かないでしょう。その一方、人によっては長生きしてしまうことをリスクであると捉える人もいます。

長生きをしてしまうリスクとは、2019年6月に金融庁が発表した「老後2000万問題」です。金融庁が公表した、公的年金以外にも老後資金が2000万円必要との報告書がメディアの話題に注目されました。

政府は公然と、年金に頼るだけでなく+α2000万円くらい貯蓄しておきなさいよと発表した訳です。これを、けしからんと捉えるか、親切に示してくれて有難いと捉えるかは、おいといて、政府試算において、この位の金額が目安であるというのは紛れもない事実なのです。

長生きをすることで、老後破産してしまう時代が現実に訪れているのです。

私たちは、長生きをしてしまうという前提で物事を考えていかねばなりません。

年金を受給して逃げ切ったと安心している世代の人でも、あと自分が何年生きてしまうのか？　その頃の物価はどうなっているのか？

年金だけを頼りに、人生設計を行っている人は間違いなく老後破産してしまうでしょう。

長生きをしても、元気でいて、それで且つ継続的に収入を得る方法を模索していかねばなりません。

そして、次に挙げる令和時代のテーマは、仕事の複業化です。

どういうことかと言いますと、現在、高齢化で人々の人生が長くなっているのに対し、仕事や産業自体は非常に短命になってきているのです。

東京商工リサーチの調査によると、2017年に倒産した企業の平均寿命は23・5年。かつての企業の寿命は30年と言われてきましたが、現在では10～15年にまで縮まっていると言われています。

つまり、寿命100年時代を想定するのであれば、今、30歳の人は残り70年の間に、7つくらいプロフェッショナルなことを経験しようという気概をもつことが大事になってきます。

これはあくまで目安ですので、その位の周期を前提に働き方を考えて、人生を覚悟した方がよいということです。そういった意味でも、令和時代を生きる人びとは一つの会社に固執するのではなく、複数の業界や分野で通じる人材にならなければなりません。

さらに令和時代を生きる上で必要なことは、「いろいろな仕事をして、人との繋がりや経験、スキルを身につけること」。

また「失敗を経験すること」も成長する上で重要です。

その為には「失敗しても大丈夫」というマインドを身につけましょう。大きな挑戦を前にしても「失敗しても、大したことない！」と思えるようになれば、新しいことにどんどんチャレンジできるようになります。さらに失敗を恐れずに試行錯誤を繰り返すほど、自然とスキルや人脈も自分の中に着実に貯まっていきます。

祖父が私に伝えたことは、「どんな時代でも失敗を恐れず挑戦し続けること！」これは昭和でも平成でも令和の時代でも共通する、普遍的な価値観です。

これから迎える１００年時代を生き抜くには、詰め込み教育などの「ひたすら知識だけを積み重ねる」といった旧来のやり方では対応できません。なぜなら今の時代、大抵の知識はネットで調べれば、すぐに得ることができます。つまり、「知っている」というだけのスキルに、大した価値はないのです。

重要なのは「知っている」よりも「何を経験したか」というスキル。知識よりも経験が価値をもつ時代です。

会社の寿命も仕事の寿命もどんどん短くなる一方で、人生は逆に長くなると説明しました。そうなると、多くの人は年月とともに職種や働く場所、相手を変えていかなければばなりません。そういった大きな変化には必ずと言っていいほど、身体・精神的な疲弊や苦労が付いて回り、自分ひとりで乗り切ろうとするのは大変です。

しかし、ふと周りを見渡すと、そんな変化や困難に付き添ってくれる家族や友人たちがいるものです。それと同時に、彼らも長い人生の中、常に状況の変化に適応しながら生きていかなければなりません。

この変化を繰り返す過程で、何よりもあなたの財産になるものは、この「過去に一緒に仕事をして信用を培った人」なのです。彼らとの繋がりは、お金よりも貴重な財産になります。

そして、あなたの人生を決める大切な問いはこの2つです。

「今、どのようなマインドを持った人と一緒にいるか？」

「どんな価値観を持った人と価値を共有できるか？」

このように周りの人との繋がり、価値観の共有をしていく中で、忘れてはいけない大事なことは「自分自身が楽しむこと」。100年時代という長い人生。自分自身が楽しめるかどうかが、その人生をより長く続ける為のコツです。

日々の生活に何の楽しみも感じないまま、お金を稼ぐ為だけに嫌々仕事をしている人もいます。しかし、そのような環境下では虚無感に襲われやすく、人生をより長く続けようというモチベーションを保つことは、とても難しいのです。

日本では将来、人口減少によって労働力不足が深刻化するのではないかと懸念されています。しかし、ＡＩの発達により、人々は単純労働などの苦痛な業務から解放されるだけなく、今後はさらにグローバル化が進み、どんな人でも仕事で成功するためのチャンスが訪れます。

例えば、海外からの労働力が増えてゆき、日本人は、日本にいながら外国人と伴に働く環境になります、彼らと触れ合うことで視野も広くなるでしょう。また、日本人でもより良い働く場所を求めて海外でビジネスを興すのも夢物語ではありません。

未来の仕事に関しては、「ほとんどの仕事がＡＩやロボットに奪われてしまい、国民の仕事がなくなってしまう」と悲観する人々がいます。しかし、これは見方を変えれば、私たちの仕事がもっと楽になり、その分仕事以外の時間の余裕が生まれるということでもあります。

労働不足というネガティブな社会問題には、このようなポジティブな側面もあるのです。

ロボットはプログラムされた作業しかできませんが、私たち人間は創造することができます。新たな仕事を生み出し、新たな価値観を創造できるのです。

このように令和という時代は、「創造元年の黎明期であり、新しい時代への幕開け」なのです。

# おわりに

よく目標を決めるのが大事だと聞くと思います。

確かに大事なことだとは思うのですが、私自身は実はそれほど重要視していません。

なぜなら、目標を決めるだけなら誰でもできるからです。しかも、どんな目標だって作ることはできてしまいます。

例えば、あなたが「今年は年収1億」という目標を決めることはできます。しかし、その目標は全く意味がないと思えてしまいます。

確かに大きな目標を掲げることで、それがパワーに変わる人もいると思いますが、かえってプレッシャーになって、行動が止まってしまうことだってありえるのです。

目標を決めることで、行動が止まる、これでは、本末転倒です。


じゃあどうすればいいのでしょうか？

目標を決めるのではなく、目標に照準を『定める』のです。

「決めるのではなく定めるのです」定めることで、未来に向かって導線が引かれる、そんなイメージです。例えば、「富裕層を相手に仕事をしたい！」という人は少なくありません。

それはそれでいいのですが、そこを目標にしたところで、たぶんその目標が達成されることはありません。

そうではなくて、富裕層を相手に仕事をしたいということを定めてみるんです。つまり照準がそこであり、それに向かってどのような導線を引くことで、そこに辿り着けるかを導き出すわけですね。

この微妙な違い、伝わりますでしょうか？

定めることで、どうすれば辿り着けるか考えるようになるのですが、例えば、どんな方法でその人たちに辿り着くか？　もし辿り着けたとしても、あなた自身のあり方がその人達とイコールか？　などなど、様々な角度から『やるべきこと』が見えてくるはずです。

これから迎える人生１００年時代、あなたは残りの時間を誰とどのように過ごしたいですか？　私の父は、今年で74歳になるのですが、「死ぬに死ねない時代になった」と毎日ぼやいています。この話を聞くたびに、長寿は果たして幸せなのか？　を考えるよりも、祖父の言葉の通り、「己の人生10年を振り返ってみて、後悔したことはなかったか？」と問いかけています。

私の祖父は最期の言葉で「自分のやってきたことに悔いはない」と言って他界しました。

アメリカの研究雑誌などで、人が死ぬ前に最も後悔するのは「挑戦しなかったこと」とありますが、祖父の人生は「挑戦」そのものであり、使命を果たして天寿を全うできたと思います。

そして私たちの誇りでもあります。

自分が何年先に死ぬのか全く分かりませんが、もし明日死んでしまうのなら？　何をやらなかったことが一番後悔するのか？　と考えました。そう思考を変えるだけで、今まで何となく難しそうと思っていたことも、挑戦しようとすら思わなかったことも、挑戦する意欲が湧いてきます。

今回の出版も、そういった意味で大きな挑戦です。

少なくとも私の価値観は、死ぬに死ねなくなったとぼやきく人生より、1日でも長く生き延び、使命を全うしたと言える人生を送りたいです。

今回のこの書籍は、亡き祖父への恩返しとして、祖父の教えを世に役立てたいと思い書きました。私が祖父から学んで変われたように、この書籍を読んだあなたにも、何か変わるきっかけになれば、著者としてこれに勝る喜びはありません。

また、ロシアから日本に来てくれた最愛の妻ジェーニャに、私を支えてくれたことをこの場を借りて感謝を表したいと思います。

本当にありがとう。これからもっと家族の為に頑張ります。

栗山卓也

## 栗山卓也

1983年静岡生まれ。明治学院大学経済学部卒。母方の祖父が大好きで、戦争の話やビジネスのことを小さい頃から学ぶ。祖父は鈴木総業グループ（現・株式会社タイカ）の創始者・鈴木保。『群れの経営は会社を絶対潰さない』（中経出版）を出版している祖父は「群れの経営」「風船玉経営」と評された独特の分社システムで、全国の中小企業経営者らに多大な影響を与えた。

大学を卒業後、東京の一部上場会社に就職するが、祖母が認知症になり、祖父１人では面倒みきれなくなったので、会社を辞めて、静岡の祖父宅へ住み込みで介護に専念。おかげで24時間365日、この祖父からマンツーマンで人間学や経営学、人生訓などを教わる。なかでも、お金に関する学びが大きかった。

「人さまの役に立つことをすれば、自然とお金は増えるよ」。

神社仏閣や地元の病院などへ1000万円単位で寄付する祖父の姿を見て、自分もできるところからやっていこうと決意する。2013年２月25日に祖父が他界。「自分のやってきたことに悔いはなかった」と祖父の最期の言葉。祖父の門下生らが、いまだに祖父の教えを学ぶ勉強会を開いている。

現在は、祖父の残してくれた鈴木商会の取締役として勤務するかたわら、祖父の教えを世に伝える事業を展開している。その他、大家業や投資セミナーなども好評を博している。

妻はロシア人で日本でロシア語講師をしており、YouTubeを使った動画集客を夫婦二人で実践している。

# 日本《にほん》の「不都合《ふつごう》な真実《しんじつ》」を救《すく》う、おじいちゃんの教《おし》え

2020年4月27日　初版第1刷

著　者 ――― 栗山卓也《くりやまたくや》
発行人 ――― 松崎義行
発　行 ――― みらいパブリッシング
〒166-0003 東京都杉並区高円寺南4-26-12 福丸ビル6F
TEL 03-5913-8611　FAX 03-5913-8011
企画協力　インプルーブ　小山睦男
カバー・本文　イラスト　相澤 亮
ブックデザイン　堀川さゆり

発　売 ――― 星雲社（共同出版社・流通責任出版社）
〒112-0005 東京都文京区水道1-3-30
TEL 03-3868-3275　FAX 03-3868-6588

印刷・製本―株式会社上野印刷所

ISBN978-4-434-26864-9 C0036